I0045972

MINISTÈRE DE LA GUERRE

— ※ —

# DÉCRETS

SUR L'ORGANISATION

# DE L'ÉCOLE MILITAIRE

## D'INFANTERIE

---

### INSTRUCTIONS ET PROGRAMMES

POUR L'ADMISSION

## DES SOUS-OFFICIERS

### A CETTE ÉCOLE

(Texte officiel mis au courant de la législation
jusqu'au 11 octobre 1888).

IMPRIMERIE LIBRAIRIE MILITAIRE
H.C.L.
PARIS

PARIS                    LIMOGES
11, Place Saint-André-des-Arts | 46, Nouvelle route d'Aixe, 46.

HENRI CHARLES-LAVAUZELLE
Éditeur militaire.

1889

MINISTÈRE DE LA GUERRE

DÉCRETS

SUR L'ORGANISATION

# DE L'ÉCOLE MILITAIRE

## D'INFANTERIE

INSTRUCTIONS ET PROGRAMMES

POUR L'ADMISSION

# DES SOUS-OFFICIERS

## A CETTE ÉCOLE

(Texte officiel mis au courant de la législation
jusqu'au 11 octobre 1888).

PARIS | LIMOGES

11, Place Saint-André-des-Arts | 46, Nouvelle route d'Aixe, 46

Henri CHARLES-LAVAUZELLE

Éditeur militaire

1889

# TABLE DES MATIÈRES

*Décret portant règlement sur l'organisation de l'Ecole militaire d'infanterie (modifié par les décrets des 19 juin 1886, 11 octobre 1886 et 8 septembre 1888).*

Paris, le 22 mars 1883.

LE PRÉSIDENT DE LA RÉPUBLIQUE FRANÇAISE,

Vu les décrets des 4 février 1881, 18 janvier et 1er décembre 1882 ;

Considérant qu'il importe d'apporter à l'organisation de l'Ecole militaire d'infanterie les modifications que l'expérience a rendues nécessaires et de mettre, notamment, l'effectif du cadre de cette école en harmonie avec l'effectif actuel des élèves ;

Sur le rapport du Ministre de la guerre,

Décrète :

## TITRE Ier.

### BUT DE L'INSTITUTION DE L'ÉCOLE MILITAIRE D'INFANTERIE.

#### Son recrutement.

Art. 1er (*modifié par décret du 11 octobre 1886*). — L'Ecole militaire d'infanterie instituée à Saint-Maixent a pour but de compléter l'instruction militaire des sous-officiers de cette arme jugés susceptibles d'être nommés sous-lieutenants.

Les sous-officiers des sections d'infirmiers, de commis et ouvriers d'administration, de secrétaires d'état-major et du recrutement, concourent avec les sous-officiers des corps de troupe d'infanterie pour l'admission à l'école militaire de Saint-Maixent.

En temps de paix, nul sous-officier ne pourra être promu sous-lieutenant au titre français, s'il n'a suivi, avec succès, les cours de cette école.

Art. 2. Indépendamment des sous-officiers de l'armée de terre régulièrement désignés, l'Ecole peut recevoir, sur la demande du Ministre de la marine, des sous-officiers des régiments d'infanterie de marine.

### Conditions d'admission.

Art. 3 (*modifié par décret du 19 juin 1886*). — *Nul sous-officier ne pourra être admis à subir les examens d'admission à l'Ecole militaire d'infanterie :*

*1° S'il n'a deux années de grade de sous-officier au 31 décembre de l'année de la proposition ;*

*2° S'il ne produit un certificat d'instruction militaire délivré par une commission, dont la composition sera fixée par un règlement ministériel, qui déterminera les dispositions de détail relatives à l'admission des élèves.*

Désignation par le Ministre du nombre des élèves admis.

**Art. 4.** Le Ministre fixe, chaque année, suivant les besoins du service, le nombre des élèves à admettre à l'Ecole.

Rang, tenue, armement et équipement des élèves de l'Ecole.

**Art. 5.** Les sous-officiers ainsi désignés prennent la dénomination de sous-officiers élèves-officiers ; ils sont remplacés dans les emplois spéciaux (adjudant, sergent-major, sergent fourrier) dont ils peuvent être pourvus dans leur corps, et placés comme sergents dans une compagnie ; ils peuvent même être mis hors cadre, sur l'ordre du Ministre.

Les sous-officiers élèves-officiers reçoivent tous la tenue, l'armement et l'équipement des sergents de l'infanterie de ligne, sauf des signes distinctifs déterminés par règlement ministériel.

Les sous-officiers élèves-officiers doivent le salut aux officiers ; ils y ont droit de la part des sergents-majors, sergents fourriers, sergents, caporaux et soldats.

## TITRE II.

PERSONNEL DE L'ÉCOLE. — PERSONNEL DES CADRES DE L'ÉCOLE.

**Art. 6.** *Modifié par le décret du 8 septembre 1888.* — La direction de l'Ecole est confiée à un

colonel ou à un lieutenant-colonel d'infanterie.
Il a sous ses ordres un chef de bataillon commandant en second.

L'autorité du commandant de l'Ecole s'étend sur toutes les parties du service, de l'instruction et de l'administration.

Le commandant de l'Ecole est sous les ordres directs du Ministre de la guerre.

Le commandant en second est chargé, sous les ordres du commandant de l'Ecole, de toutes les parties du service; il remplit les fonctions de directeur des études.

Des capitaines instructeurs sont chargés de l'instruction théorique et pratique, de la tenue et de la discipline; ils ont sous leurs ordres des lieutenants instructeurs (1).

Des capitaines professeurs, aidés par des lieutenants professeurs adjoints, et au besoin par des lieutenants instructeurs, professent les cours, et sont, en outre, chargés des répétitions, des interrogations, de la correction des travaux et de l'instruction pratique des cours qui leur sont confiés.

Le capitaine professeur du cours d'administration remplit les fonctions de major.

---

(1) Le Ministre a décidé que, par analogie avec les dispositions concernant le recrutement des officiers de l'Ecole spéciale militaire, les emplois de capitaine et de lieutenant, dans le cadre de l'Ecole militaire d'infanterie, ne devront, désormais, être attribués qu'à des capitaines justifiant de trois années d'ancienneté de grade au moment de leur nomination à cette Ecole, et à des lieutenants ayant deux années d'ancienneté. (Note ministérielle du 24 novembre 1887.)

*Un capitaine en* 2e de cavalerie dirige les exercices d'équitation.

Deux lieutenants remplissent les fonctions de trésorier et d'officier comptable du matériel.

Un médecin-major de 2e classe est chargé du service sanitaire de l'Ecole et professe le cours d'hygiène.

Un personnel secondaire, composé de sous-officiers, de caporaux et de soldats, est employé, soit à l'instruction militaire des élèves, soit à la tenue des écritures et aux divers services intérieurs de l'Ecole. Sa composition est déterminée par le tableau B annexé au présent décret. Ce personnel est mis hors cadre, conformément à l'article 28 de la loi du 13 mars 1875, modifiée par celle du 15 décembre 1875.

Un détachement de la 5e compagnie de cavaliers de remonte est affecté au service de l'École ; sa composition est déterminée par le tableau C annexé au présent décret.

Tout le personnel (officiers et troupe) est nommé par le Ministre.

## TITRE III.

### ENSEIGNEMENT. — PROGRAMMES.

Art. 7. Les sous-officiers élèves-officiers reçoivent à l'Ecole une instruction générale et une instruction militaire.

La première a pour but de développer les connaissances générales qu'ils possèdent déjà, de façon à leur donner la culture intellectuelle indispensable à tout officier.

L'instruction militaire est dirigée de façon à

leur faire acquérir l'aptitude professionnelle nécessaire pour bien remplir les fonctions d'officier de compagnie. Cette instruction est à la fois théorique et pratique.

L'instruction pratique comprend, en dehors des manœuvres de l'infanterie et du tir, la manœuvre des bouches à feu, l'équitation, l'escrime et la gymnastique.

Les programmes de l'enseignement de l'Ecole militaire d'infanterie sont arrêtés par le Ministre.

### Conseil d'instruction.

Art. 8. Il est constitué, à l'Ecole, un conseil d'instruction composé ainsi qu'il suit :

Le commandant de l'Ecole, *président*;

Le commandant en second, directeur des études . . . . . . . . .

Le plus ancien capitaine instructeur . . . . . . . . . . . . }  *membres.*

Les deux capitaines professeurs les plus anciens . . . . . . . . .

Ce conseil est appelé à émettre des avis sur tout ce qui concerne les méthodes d'instruction et le service intérieur de l'Ecole ; il provoque les améliorations lui paraissant utiles, et propose les modifications à apporter aux programmes d'admission, d'enseignement et de sortie.

### Durée des cours.

Art. 9. L'ouverture des cours a lieu, chaque année, dans la deuxième quinzaine d'avril ; leur clôture, au commencement de mars de l'année suivante.

# TITRE IV.

### RÉGIME. — POLICE. — DISCIPLINE.

### Régime.

Art. 10. Sous le rapport de la police et de la discipline, l'Ecole est soumise au même régime que les corps d'infanterie, sauf les dispositions spéciales que déterminera le règlement ministériel à intervenir sur le service intérieur de l'Ecole.

### Conseil de discipline.

Art. 11. Un conseil de discipline est institué pour se prononcer sur le compte des élèves qui, par des fautes graves, ou par leur inconduite habituelle, se mettraient dans le cas d'être exclus de l'Ecole.

Le conseil de discipline est composé de cinq membres, savoir :

Le commandant de l'Ecole, *président;*

Le commandant en second . . . . ⎫
Un capitaine instructeur . . . . ⎪
Le capitaine professeur le plus ancien . . . . . . . . . . . ⎬ *membres.*
Le lieutenant professeur adjoint le ⎪
plus ancien . . . . . . . . . . . ⎭

L'exclusion est prononcée par le Ministre, sur la proposition du conseil de discipline.

Le sous-officier élève-officier dont l'exclusion est prononcée est immédiatement dirigé sur un corps.

# TITRE V.

### ADMINISTRATION ET COMPTABILITÉ DE L'ÉCOLE.

-----

### Conseil d'administration.

Art. 12. L'Ecole est administrée par un conseil composé ainsi qu'il suit :

Le commandant de l'Ecole, président ;

Le commandant en second ;

Le capitaine professeur d'administration faisant fonctions de major, rapporteur ;

Un capitaine instructeur renouvelé tous les ans ;

*Le capitaine en 2e d'équitation* ;

Le lieutenant trésorier ;

Le lieutenant officier comptable du matériel.

### Mode d'administration.

Art. 13. Le mode d'administration et de comptabilité de l'Ecole est celui que détermine le décret du 30 mai 1875.

Les officiers du cadre reçoivent les allocations en deniers prévues par les tarifs du 31 décembre 1878, et les hommes de troupe du cadre, celles prévues par les tarifs du 25 décembre 1875.

Les sous-officiers élèves-officiers reçoivent une solde unique fixée à un franc soixante centimes (1 fr. 60) par jour.

# TITRE VI.

## EXAMENS DE SORTIE. — CLASSEMENT.

### Examens de fin d'année.

Art. 14. A la fin de chaque année d'études, les sous-officiers élèves-officiers subissent, devant un jury dont la composition est fixée par le Ministre, des examens de sortie.

### Classement par ordre de mérite.

Art. 15. Le conseil d'instruction établit le classement des élèves par ordre de mérite, d'après les résultats de ces examens et les notes de l'année.

### Elèves ayant satisfait aux examens de sortie.

Art. 16. Tous les sous-officiers élèves-officiers qui ont satisfait aux examens de sortie sont immédiatement promus sous-lieutenants dans un des corps de l'arme de l'infanterie.

Le numéro dans le classement de sortie détermine leur rang d'ancienneté dans le grade de sous-lieutenant et l'ordre dans lequel ils indiquent le corps auquel ils désirent être affectés.

### Elèves n'ayant pas satisfait aux examens de sortie.

Art. 17. Les sous officiers élèves-officiers qui n'ont pas satisfait aux épreuves de sortie sont renvoyés dans un corps et pourvus du grade et de l'emploi qu'ils avaient avant leur entrée à l'Ecole. Ceux d'entre eux qui auraient eu une interruption forcée de travail de plus de trente jours consécutifs peuvent être autorisés, par le Ministre de la guerre, à titre exceptionnel et sur la proposition du conseil d'instruction, à faire une deuxième année d'études.

## TITRE VII.

### DISPOSITIONS GÉNÉRALES.

Art. 18. Un règlement ministériel détermine les dispositions de détail que comportent l'admission des élèves, le service intérieur de l'établissement, la marche de l'instruction et le classement de sortie de l'Ecole militaire d'infanterie.

Art. 19. Toutes les dispositions contraires au présent décret sont et demeurent abrogées.

Art. 20. Le Ministre de la guerre est chargé de l'exécution du présent décret.

Fait à Paris, le 22 mars 1883.

Signé : JULES GRÉVY.

Par le Président de la République :

*Le Ministre de la guerre,*

Signé : THIBAUDIN.

# TABLEAUX

### FIXANT LA COMPOSITION DU PERSONNEL DE L'ÉCOLE.

---

## TABLEAU A.

*Modifié par décret du 8 septembre 1888.*

---

### OFFICIERS.

| | | |
|---|---|---:|
| Colonel ou lieutenant-colonel commandant l'Ecole............................... | | 1 |
| Chef de bataillon commandant en second... | | 1 |
| Capitaines... | instructeurs............... | 5 |
| | professeurs ............... | 5 |
| | instructeurs............... | 7 |
| | professeurs adjoints....... | 5 |
| | trésorier................. | 1 |
| Lieutenants.. | officier comptable du matériel.................. | 1 |
| | de cavalerie instructeur d'équitation ........... | 1 |
| Lieutenant ou sous-lieutenant, instructeur de gymnastique et d'escrime................ | | 1 |
| Médecin-major de 2e classe................ | | 1 |
| Total pour les officiers.......... | | 29 |

# TABLEAU B.

## TROUPE.

SOUS-OFFICIERS, CAPORAUX ET SOLDATS PLACÉS
HORS CADRE.

### *Sous - officiers.*

| | |
|---|---|
| Adjudant maître d'escrime............... | 1 |
| Adjudant d'artillerie (1)................. | 1 |
| Adjudant de cavalerie, sous-instructeur d'é- quitation............................... | 1 |
| Sergent-major vaguemestre, garde-magasin. | 1 |
| Sergent maître d'escrime................. | 1 |
| Sergent moniteur général de gymnastique.. | 1 |
| Sergent 1er secrétaire du trésorier......... | 1 |
| Sergents fourriers........................ | 2 |
| Maréchaux des logis d'artillerie (1)......... | 2 |

### *Caporaux et brigadiers.*

| | |
|---|---|
| Clairon................................. | 1 |
| Armurier................................ | 1 |
| Moniteurs d'escrime..................... | 4 |
| Moniteurs de gymnase.................... | 2 |
| Secrétaire de l'officier comptable du matériel. | 1 |
| 2º Secrétaire du trésorier................. | 1 |
| Bibliothécaire........................... | 1 |
| Copiste................................. | 1 |
| Brigadier maître-maréchal ferrant......... | 1 |
| *A reporter*..... | 24 |

(1) L'adjudant et les deux maréchaux des logis d'artillerie sont employés également comme sous-instructeurs d'équitation.

## Soldats.

|  |  |
|---|---|
| Report..... | 24 |
| Clairons.................................. | 8 |
| Secrétaire du commandant................ | 1 |
| Autographistes.......................... | 3 |
| Lampiste................................ | 1 |
| Perruquiers............................. | 4 |
| Canonnier ouvrier en fer................ | 1 |
| Conducteur............................. | 1 |
| Aide-maréchal ferrant................... | 1 |
| Ouvrier armurier........................ | 1 |
| Ouvriers tailleurs...................... | 4 |
| Ouvriers cordonniers.................... | 4 |
| Ordonnances d'officiers montés.......... | 3 |
| Employés divers......................... | 32 |
| Total pour la troupe............ | 88 |

## TABLEAU C.

### COMPOSITION DU DÉTACHEMENT DE CAVALIERS DE REMONTE ATTACHÉ A L'ÉCOLE.

|  | Hommes. | Chevaux |
|---|---|---|
| Maréchal des logis......... | 1 | 1 |
| Brigadier fourrier.......... | 1 | » |
| Brigadiers................. | 3 | » |
| Cavaliers.................. | 24 | » |
| Ouvrier sellier............. | 1 | » |
| Chevaux de selle........... | » | 70 |
| Total du détachement... | 30 | 70 |

*Rapport au Président de la République fran-
çaise au sujet des conditions exigées pour
l'admission à l'Ecole militaire d'infanterie.*

Paris, le 19 juin 1886.

MONSIEUR LE PRÉSIDENT,

Le décret du 22 mars 1883, portant règlement
sur l'organisation de l'Ecole militaire d'infanterie,
fixe à un an au 1er mars de l'année du concours,
l'ancienneté de grade minima que doivent avoir
les sous-officiers proposés pour subir les examens d'admission.

Cette limite, dont on supposait que les chefs
de corps n'accorderaient le bénéfice qu'à quelques sujets d'élite, tend à devenir la règle ; l'Ecole
paraît devoir se recruter désormais, en trop
grande partie, avec des sous-officiers jeunes d'âge
et de grade et qui n'ont pas eu le temps d'acquérir dans les corps l'expérience et l'instruction
militaire nécessaires pour suivre avec fruit des
cours dont la durée n'est que de dix mois.

Les généraux inspecteurs, le commandant de
l'Ecole, et, de son côté, la commission d'examen, en signalant cet état de choses qu'ils con-
sidèrent comme préjudiciable au bon recrutement des cadres de l'infanterie, sont unanimes

à réclamer le retour aux règles fixées par le décret du 4 février 1881 et demandent, en outre, que tout candidat à l'Ecole obtienne au préalable un certificat d'aptitude militaire délivré par une commission régimentaire.

Ces dispositions nouvelles me paraissant propres à porter remède aux inconvénients signalés, j'ai l'honneur de vous prier, si vous les approuvez, de vouloir bien revêtir de votre signature le projet de décret ci-joint.

Veuillez agréer, Monsieur le Président, l'hommage de mon respectueux dévouement.

*Le Ministre de la Guerre,*

Signé : G<sup>al</sup> BOULANGER.

*Décret modifiant l'article 3 du décret du 22 mars 1883, relatif aux conditions exigées pour l'admission à l'Ecole militaire d'infanterie.*

Paris, le 19 Juin 1886.

LE PRÉSIDENT DE LA RÉPUBLIQUE FRANÇAISE,

Vu les décrets des 4 février 1881, 18 janvier et 1<sup>er</sup> décembre 1882, 22 mars 1883 ;

Considérant qu'il importe d'apporter aux conditions exigées pour l'admission à l'Ecole militaire d'infanterie de Saint-Maixent les modifications que l'expérience a rendues nécessaires ;

Sur le rapport du Ministre de la Guerre,

DÉCRÈTE :

Les dispositions de l'article 3 du décret du 22 mars 1883 sont modifiées ainsi qu'il suit :

Nul sous-officier ne pourra être admis à subir

Saint-Maixent.

les examens d'admission à l'Ecole militaire d'infanterie :

1° S'il n'a deux années de grade de sous-officier au 31 décembre de l'année de la proposition ;

2° S'il ne produit un certificat d'instruction militaire délivré par une commission, dont la composition sera fixée par un règlement ministériel, qui déterminera les dispositions de détail relatives à l'admission des élèves.

Le Ministre de la Guerre est chargé de l'exécution du présent décret.

Fait à Paris le 19 juin 1886.

Signé : JULES GRÉVY.

Par le Président de la République :

*Le Ministre de la guerre,*

Signé : G<sup>al</sup> BOULANGER.

---

*Décret du 11 octobre 1886, qui modifie l'article 1<sup>er</sup> du décret du 22 mars 1883, portant règlement sur l'organisation de l'Ecole militaire d'infanterie.*

LE PRÉSIDENT DE LA RÉPUBLIQUE FRANÇAISE,

Vu les décrets des 4 février 1881, 18 janvier et 1<sup>er</sup> décembre 1882, 22 mars 1883, 19 juin 1886 ;

Considérant qu'il importe d'assurer aux sous-officiers des sections de secrétaires d'état-major et du recrutement les mêmes avantages qu'à ceux des sections d'infirmiers et de commis et ouvriers militaires d'administration ;

Sur le rapport du Ministre de la Guerre,

DÉCRÈTE :

Art. 1er. Les dispositions du 2e paragraphe de l'article 1er du décret du 22 mars 1883 sont complétées ainsi qu'il suit :

« Les sous-officiers des sections d'infirmiers, de commis et ouvriers militaires d'administration, *de secrétaires d'état-major et du recrutement,* concourent avec les sous-officiers des corps de troupe d'infanterie pour l'admission à l'Ecole militaire de Saint-Maixent. »

Art. 2. Le Ministre de la Guerre est chargé de l'exécution du présent décret.

Fait à Mont-sous-Vaudrey, le 11 octobre 1886.

— Signé : JULES GRÉVY.

Par le Président de la République :

*Le Ministre de la guerre,*
Signé : Gal BOULANGER,

---

*Décret portant modification au règlement du 22 mars 1883, sur l'organisation de l'Ecole militaire d'infanterie.*

Fontainebleau, le 8 septembre 1888.

LE PRÉSIDENT DE LA RÉPUBLIQUE FRANÇAISE,
Considérant qu'il y a lieu de réduire le nombre des lieutenants de cavalerie détachés de leurs corps ;
Sur le rapport du Ministre de la Guerre,

DÉCRÈTE :

Art. 1er. Les articles 6 et 12 du décret du 22 mars 1883 sont modifiés de la manière suivante:

## ARTICLE 6.

« La direction de l'Ecole est confiée à un colonel ou à un lieutenant-colonel d'infanterie. Il a sous ses ordres un chef de bataillon commandant en second.

» L'autorité du commandant de l'Ecole s'étend sur toutes les parties du service de l'instruction et de l'administration.

» Le commandant de l'Ecole est sous les ordres directs du Ministre de la Guerre.

» Le commandant en second est chargé, sous les ordres du commandant de l'Ecole, de toutes les parties du service ; il remplit les fonctions de directeur des études.

» Des capitaines instructeurs sont chargés de l'instruction théorique et pratique, de la tenue et de la discipline ; ils ont sous leurs ordres des lieutenants instructeurs.

» Des capitaines professeurs, aidés par des lieutenants professeurs adjoints et, au besoin, par des lieutenants instructeurs, professent les cours et sont, en outre, chargés des répétitions, des interrogations, de la correction des travaux et de l'instruction pratique des cours qui leur sont confiés.

» Le capitaine professeur du cours d'administration remplit les fonctions de major.

» Un capitaine en second de cavalerie dirige les exercices d'équitation.

» Deux lieutenants remplissent les fonctions de trésorier et d'officier comptable du matériel.

» Un médecin-major de 2ᵉ classe est chargé du service sanitaire de l'Ecole et professe le cours d'hygiène.

» Un personnel secondaire, composé de sous-officiers, de caporaux et de soldats, est employé soit à l'instruction militaire des élèves, soit à la tenue des écritures et aux divers services intérieurs de l'Ecole. Sa composition est déterminée par le tableau B annexé au présent décret. Ce personnel est mis hors cadres, conformément à l'article 28 do la loi du 13 mars 1875, modifiée par celle du 15 décembre 1875.

» Un détachement de la 5ᵉ compagnie de cavaliers de remonte est affecté au service de l'Ecole : sa composition est déterminée par le tableau C annexé au présent décret.

» Tout le personnel (officiers et troupe) est nommé par le Ministre. »

### ARTICLE 12.

« L'Ecole est administrée par un conseil composé ainsi qu'il suit :

» Le commandant de l'Ecole, président ;

» Le commandant en second ;

» Le capitaine professeur d'administration, faisant fonctions de major, rapporteur ;

» Un capitaine instructeur renouvelé tous les ans ;

» Le capitaine en second de cavalerie, instructeur d'équitation ;

» Le lieutenant trésorier ;

» Le lieutenant officier comptable du matériel. »

Art. 2. Le Ministre de la Guerre est chargé de
l'exécution du présent décret.

Fait à Fontainebleau, le 8 septembre 1888.

Signé : CARNOT.

Par le Président de la République :

*Le Ministre de la Guerre,*

Signé : C. DE FREYCINET.

---

*Instruction pour l'admission des sous-officiers*
*à l'École militaire d'infanterie.*

Paris, 22 juin 1886.

## RÈGLES D'ADMISSION DES ÉLÈVES.

Art. 1er. Chaque année, à l'inspection générale, les chefs de corps proposent pour être
admis à subir les examens d'admission à l'Ecole
militaire d'infanterie les sous-officiers de cette
arme jugés aptes à devenir officiers.

Les sous-officiers du cadre fixe des écoles
militaires sont proposés par les commandants
de ces écoles.

Sont également admis au concours, conformément aux dispositions de l'article 41 de la loi du 16 mars 1882 sur l'administration de l'armée, les sous-officiers des sections d'infirmiers, des sections de secrétaires d'état-major (1) et de commis et d'ouvriers d'administration qui sont l'objet de propositions régulières.

Pour être admis à concourir, les candidats doivent avoir deux ans de grade de sous-officier au 31 décembre de l'année de la proposition, et produire un certificat d'instruction militaire, délivré par une commission régimentaire, constatant, qu'au point de vue de l'instruction professionnelle, ils sont susceptibles d'être proposés pour l'Ecole militaire d'infanterie (2).

---

(1) Note ministérielle du 8 novembre 1886.

(2) Les candidats appartenant à des fractions détachées seront envoyés à la portion principale pour subir l'examen d'instruction militaire.

Dans les bataillons des régiments de France stationnés en Algérie ou en Tunisie, il sera constitué une commission comme dans les bataillons formant corps.

Pour les régiments d'infanterie, zouaves, etc., la commission est composée de tous les officiers supérieurs du corps et présidée par le colonel.

Pour les bataillons formant corps, elle comprend tous les capitaines réunis sous la présidence du chef de corps.

Pour les sections d'infirmiers et de commis et ouvriers d'administration, en font partie : le sous-intendant militaire chargé de l'administration de la section, l'officier d'administration commandant la section à laquelle appartient le sous-officier, un autre officier d'administration commandant une section d'infirmiers ou de commis et ouvriers, un officier d'administration adjoint à un commandant de section.

Le modèle de ce certificat est annexé à la présente instruction.

Art. 2. Il est établi pour chaque sous-officier un mémoire de proposition, conforme au modèle annexé à la présente instruction, sur lequel le mérite du candidat est constaté et apprécié successivement par le chef de corps ou de service, le général de brigade et l'inspecteur général. Chacun d'eux résume son opinion dans une seule cote numérique, représentée par un nombre entier pris dans l'échelle de 12 à 20 et qualifiant à la fois la conduite, la capacité et l'aptitude au commandement.

Ces notes correspondent aux valeurs ci-après :

12, assez bien ;
15, bien ;
18, très bien ;
20, parfaitement.

Le mémoire de proposition comprend :
1° Le relevé des services ;
2° Le relevé des punitions infligées au sous-officier depuis son entrée au service ;
3° Les notes particulières du chef de corps ;
4° Le relevé des points attribués au candidat pour les notes du chef de corps, du général de brigade et de l'inspecteur général ainsi que pour les différentes majorations auxquelles il a droit en raison de ses services.

Il est accompagné du certificat d'instruction militaire délivré par la commission régimentaire.

Les dossiers doivent être remis à l'inspecteur général avant son arrivée, afin qu'il puisse examiner d'une manière spéciale les candidats ,et les apprécier pendant le cours de ses opérations.

Art. 3. Le concours comprend des compositions écrites, des examens oraux, un examen d'instruction militaire pratique et un examen d'aptitude physique.

### COMPOSITIONS ÉCRITES.

Art. 4. Les compositions écrites servent à établir un premier classement destiné à exclure des examens oraux et de l'examen de l'instruction militaire pratique les candidats insùffisamment instruits, puis à déterminer, concurremment avec ces examens, le classement par ordre de mérite des candidats.

Art. 5. Dans *le courant du mois de décembre* (1), les candidats sont convoqués pour subir les épreuves écrites au lieu où se trouve l'état-major de la division sur le territoire de laquelle ils sont stationnés (2). Ils doivent y être rendus la veille du jour fixé pour ces épreuves, et sont placés en subsistance dans un corps de la garnison.

Les compositions sont surveillées par des officiers d'infanterie du grade de capitaine, au nombre de deux au moins, désignés par MM.

---

(1) Note ministérielle du 24 octobre 1887.

(2) En Algérie, les candidats sont convoqués au centre de chaque subdivision et, en outre, dans les places suivantes : Laghouat, Bou-Saada, Tiaret, Geryville, Mecheria, Bougie, Tebessa. Biskra. En Tunisie, les candidats sont convoqués dans l'une des places suivantes, la plus rapprochée du point où ils sont stationnés : Tunis, Sousse, Gabès, Gafsa.

les généraux commandant les corps d'armée; chacun de ces officiers reçoit un exemplaire d'une instruction spéciale concernant sa mission.

Les sujets des compositions et les imprimés nécessaires sont envoyés sous plis cachetés, par le Ministre, à tous les commandants de corps d'armée.

Les sujets des compositions sont tirés du programme du règlement du 31 juillet 1879 sur le service des écoles régimentaires des corps d'infanterie.

Les compositions écrites comprennent :

1º Une dictée (la ponctuation ne sera pas dictée aux candidats);

2º Une narration française (*lettre, rapport* ou *étude historique*);

3º Résolution de problèmes d'arithmétique;

4º Résolution de problèmes de géométrie.

Art. 6. L'enveloppe renfermant chaque sujet de composition est décachetée par un des officiers délégués, en présence des candidats réunis pour subir les épreuves écrites.

Le procès-verbal de la séance devra constater si le cachet était intact.

Art. 7. Toutes les compositions sont faites sur des feuilles à en-tête imprimé, délivrées aux sous-officiers au commencement de la séance et revêtues alors de la signature de l'un des officiers chargés de la surveillance; chaque candidat, en les recevant, appose son nom sur la tête imprimée de chacune de ces feuilles et signe à l'endroit indiqué sur cette tête avant de remettre la composition au délégué.

Art. 8. Il est accordé aux candidats :

1º Pour relire la dictée, *un quart d'heure*;

2º Pour la composition française, *quatre heures*;

3º Pour les problèmes d'arithmétique, *trois heures*;

4º Pour les problèmes de géométrie, *trois heures*.

Art. 9. A l'expiration du temps accordé pour chaque composition, celles-ci sont remises séance tenante à l'un des officiers surveillants.

Tout candidat qui ne remet pas l'une quelconque des compositions ou qui ne se présente pas à l'une des épreuves, est, par cela seul, exclu du concours.

Mais les compositions inachevées n'entraînent pas l'exclusion.

Art. 10. Toutes les compositions des candidats qui ont pris part aux quatre épreuves sont adressées au Ministre de la Guerre, réunies dans une grande et solide enveloppe, portant en suscription l'indication de son contenu, scellée par les délégués et contresignée de leurs noms.

Art. 11. Les compositions sont soumises au jugement de correcteurs nommés par le Ministre de la Guerre, sous la surveillance de la commission d'examen dont il sera parlé ci-après.

Art. 12. Avant de remettre aux correcteurs les compositions des candidats, les examinateurs détachent la partie de chacune des feuilles sur laquelle se trouvent le nom et la signature du candidat.

Les noms sont remplacés par des numéros d'ordre.

Les parties enlevées restent sous scellés.

Art. 13. Les compositions sont cotées par

les correcteurs d'un numéro de mérite compris dans l'échelle de 0 à 20.

Toute note inférieure à 10 pour l'orthographe déterminera à elle seule l'exclusion, qui atteindra également tout candidat convaincu de fraude.

La cote donnée à une composition est portée sur la composition même, puis multipliée par le coefficient correspondant à la nature de la composition (art. 24), ce qui détermine le nombre de points attribué au candidat pour cette composition.

Art. 14. Les corrections terminées, la commission d'examen dresse un état général portant les numéros d'ordre des compositions, avec l'indication des cotes, données à chacune d'elles, de leurs produits par les coefficients et de la somme de ces produits.

Toutes les copies d'un même candidat ont le même numéro d'ordre qui correspond au nom de ce sous-officier.

On dresse une liste de tous ces numéros par ordre de mérite d'après la somme totale des points obtenus.

Cette liste, sur laquelle les candidats ne sont représentés que par des numéros, est soumise au Ministre, qui détermine pour l'année le nombre des admissibles aux épreuves orales.

Art. 15. Immédiatement après la décision du Ministre, les noms des candidats sont portés sur la liste de classement à l'aide des numéros d'ordre inscrits sur les en-têtes imprimés.

La liste des candidats admis aux épreuves orales est publiée dans le *Journal officiel* et adressée à MM. les généraux commandant les corps d'armée.

Cette liste est établie dans l'ordre des corps d'armée, et dans chaque corps, dans l'ordre *numérique* des régiments.

### EXAMENS ORAUX ET EXAMEN D'INSTRUCTION MILITAIRE PRATIQUE.

Art. 16. La commission chargée de faire passer les examens oraux et l'examen d'instruction militaire pratique est composée de quatre membres nommés par le Ministre de la Guerre, savoir : un colonel ou lieutenant-colonel d'infanterie, président ; trois chefs de bataillon d'infanterie (1).

Les examens portent sur les matières ci-après :

1° Arithmétique et géométrie (programme du règlement du 31 juillet 1879) ;

2° Fortification et topographie (programme du 31 juillet 1879) ;

3° Histoire de France (programme du 31 juillet 1879) ;

4° Géographie (programme du règlement du 31 juillet 1879) ;

5° Instruction militaire pratique (1re partie de l'école de compagnie et mouvements de la section en ordre dispersé) ;

6° Service intérieur, — Service en campagne, — Tir ;

7° Gymnastique ;

8° Escrime.

---

(1) Les sous-officiers des corps stationnés en Algérie ou en Tunisie, subissent les mêmes examens que leurs camarades des corps de France, devant la même commission

Art. 17. La commission siège d'abord à Paris, puis se transporte successivement à Lyon, Alger, Toulouse et Nantes.

Sont convoqués à Paris, les candidats stationnés dans le gouvernement militaire de Paris et sur le territoire des 1er, 2e, 3e, 4e, 5e et 6e corps d'armée.

Sont convoqués à Lyon, les candidats stationnés dans le gouvernement militaire de Lyon, et sur le territoire des 7e, 8e, 13e, 14e et 15e corps d'armée.

Sont convoqués à Alger, les candidats stationnés en Algérie et en Tunisie.

Sont convoqués à Toulouse, les candidats stationnés sur le territoire des 12e, 16e, 17e et 18e corps d'armée.

Sont convoqués à Nantes, les candidats stationnés sur le territoire des 9e, 10e et 11e corps d'armée.

Le Ministre fait connaître en temps opportun la date à laquelle doivent commencer les examens dans chacun des six centres indiqués ci-dessus.

Les candidats sont placés en subsistance dans un corps de la garnison pendant la durée des examens.

Art. 18. Le tour d'examen des sous-officiers admis aux épreuves orales est déterminé dans chaque centre par l'ordre alphabétique de la première lettre de leur nom patronymique.

La veille de chaque séance, le président de la commission d'examen fait afficher la liste des candidats qui peuvent être interrogés dans la séance suivante ; ceux d'entre eux qui, sans motifs valables, ne se présentent pas lorsqu'ils sont appelés peuvent être punis disciplinairement et exclus du concours.

Art. 19. Les examens sont publics, mais pour les candidats seulement, l'entrée des salles restant interdite à toute autre personne.

Art. 20. Ces examens roulent sur les matières indiquées à l'article 16, et les examinateurs posent toutes les questions qu'ils jugent nécessaires pour s'éclairer sur le degré d'instruction des candidats.

Art. 21. Pour l'examen d'instruction militaire pratique, il est constitué, dans chaque centre, une compagnie de manœuvre de 64 files (16 files par section), fournie par un corps de la garnison. Les candidats expliquent et font exécuter, comme instructeurs, un ou plusieurs mouvements de la première partie de l'école de compagnie et un ou plusieurs mouvements de l'article 1er du chapitre 1er de la seconde partie de cette école. Ils remplissent en outre successivement les fonctions de guides et de chefs de section.

Art. 22. Chaque examinateur attribue aux réponses des candidats, dans les diverses parties sur lesquelles il les a interrogés, une cote numérique comprise dans l'échelle de 0 à 20. Cette cote est multipliée ensuite par le coefficient correspondant.

Art. 23. Immédiatement après la clôture des opérations dans chaque centre d'examen, le président de la commission en fait connaître le résultat au Ministre.

COEFFICIENTS.

Art. 24. Les coefficients sont fixés ainsi qu'il suit :

| | | |
|---|---|---|
| Conduite, capacité, aptitude au commandement..... | Note du chef de corps. 5 | |
| | Note du général de brigade ........... 5 | 20 |
| | Note de l'inspecteur général............ 10 | |

*Compositions.*

| | | |
|---|---|---|
| Dictée.............................. 8 | | |
| Narration.......................... 12 | | 36 |
| Arithmétique....................... 8 | | |
| Géométrie.......................... 8 | | |

*Examens oraux.* 130

| | | |
|---|---|---|
| Arithmétique et géométrie.......... 10 | | |
| Fortification et topographie ....... 10 | | 44 |
| Histoire .......................... 12 | | |
| Géographie ....................... 12 | | |

*Instruction militaire.*

| | | |
|---|---|---|
| Pratique........................... 14 | | |
| Service intérieur. — En campagne. — Tir........................ 12 | | 30 |
| Gymnastique ...................... 2 | | |
| Escrime ........................... 2 | | |

En outre :

1° Toute année *complète* de grade de sous-officier à la date du 31 décembre de l'année de la proposition, en excédent des deux années exigées, donne droit à une majoration de dix points............ 10

(La majoration n'est plus accordée après huit ans de grade.)

2° Toute campagne donne droit à une majoration de dix points............................. 10

(Les campagnes doivent toujours être comptées simples ; il n'est plus accordé de majoration après 6 campagnes.)

3° Toute blessure reçue à l'ennemi, toute citation donne droit à une majoration de vingt points..... 20

4° Tout sous-officier qui, au 1er octobre de l'année de la proposition, a occupé pendant un an au moins l'emploi de sergent-major a droit à une majoration de vingt-cinq points ............... 25

5° Tout sous-officier rengagé pour deux ans a droit à une majoration de vingt-cinq points...... 25

Tout sous-officier rengagé pour cinq ans a droit à une majoration de cinquante points ........... 50

6° Tout sous-officier décoré de la médaille militaire a droit à une majoration de cinquante points. 50

Tout sous-officier décoré de la Légion d'honneur a droit à une majoration de cent points .......... 100

Art. 25. La liste définitive d'admission est publiée dans le *Journal officiel* et adressée à MM. les généraux commandant les corps d'armée.

Paris, le 22 juin 1886.

APPROUVÉ :

*Le Ministre de la guerre,*

Signé : G<sup>al</sup> BOULANGER.

---

# PROGRAMME

*Des matières sur lesquelles rouleront les épreuves écrites et orales des sous-officiers candidats à l'Ecole militaire d'infanterie.*

## COURS DE FRANÇAIS.

Revision des règles de la grammaire française et applications....  **8 leçons.**

Syntaxe et applications. — Dic-
tées. .......................... 5 leçons

Principes de style. — Composition française. — Rédaction d'ordres, de rapports, de lettres, etc.... 6 —

Total............ 19 leçons.

## ARITHMÉTIQUE.

1re *séance*. — Principes élémentaires de
l'arithmétique. — Numération. — Addition et
soustraction des nombres entiers. — Multiplication des nombres entiers. — Table de multiplication.

2º *séance*. — Le produit d'une multiplication
reste le même quand on intervertit l'ordre des
facteurs. — Si l'on multiplie l'un des facteurs
par un nombre, le produit est multiplié par ce
nombre. — Carré d'un nombre. — Cube d'un
nombre. — Preuve de la multiplication par une
autre multiplication. — Applications.

3º *séance*. — Division des nombres entiers.
— Cas où le dividende a un ou deux chiffres et
le diviseur un seul. — Cas où le dividende et
le diviseur ont plusieurs chiffres. — Trouver le
nombre de chiffres du quotient. — Méthode
pour trouver plus commodément le chiffre du
quotient, lorsque le diviseur a plusieurs chiffres. — Simplification de la division lorsque le
dividende et le diviseur sont terminés par des
zéros. — Preuve de la multiplication par une
division. — Preuve de la multiplication par 9.
— Applications.

4º *séance*. — Divisibilité des nombres. —
Caractères de divisibilité d'un nombre par 2, 3,

4, 5, 9. — Définition d'un nombre premier. — Fractions ordinaires. — Principes fondamentaux.

1° On rend une fraction 2, 3, 4 fois plus grande en multipliant son numérateur par 2, 3, 4, sans toucher au dénominateur;

2° On rend une fraction 2, 3, 4 fois plus petite en multipliant son dénominateur par 2, 3, 4, sans toucher au numérateur;

3° On ne change pas la valeur d'une fraction en multipliant ou en divisant les deux termes par le même nombre. — Simplification des fractions.

5ᵉ *séance*. — Nombre fractionnaire. — Réduire un nombre entier en nombre fractionnaire. — Extraire les entiers contenus dans un nombre fractionnaire. — Réduction des fractions au même dénominateur. — Opérations sur les fractions ordinaires. — Addition. — Soustraction.

6ᵉ *séance*. — Multiplication des fractions ordinaires. — Multiplication d'un nombre entier par une fraction, d'une fraction par une autre fraction, d'une fraction par un nombre entier. — Multiplication de nombres entiers accompagnés de fractions. — Division des fractions ordinaires. — Division d'un nombre entier par une fraction, d'une fraction par une autre fraction, d'une fraction par un nombre entier. — Division des nombres entiers accompagnés de fractions.

7ᵉ *séance*. — Fractions décimales. — Nombres décimaux. — Changements produits par le déplacement de la virgule. — Opérations sur les fractions décimales et les nombres décimaux.

— Addition. — Soustraction. — Multiplication. — Cas où le produit a moins de chiffres qu'il n'y a de décimales dans les deux facteurs.

8e *séance*. — Division des fractions décimales et des nombres décimaux. — Evaluer le reste d'une division en décimales. — Faire la division de deux nombres lorsque le diviseur est plus grand que le dividende. — Calculer un quotient à un dixième, un centième, un millième près. — Transformer une fraction ordinaire en fraction décimale et inversement.

9e et 10e *séances*. — Système métrique. — Unité fondamentale de ce système. — Mesures de longueurs, mesures de surfaces. — Mesures de volumes. — Mesures de poids. — Monnaies.

11e *séance*. — Notions sur les rapports. — Méthode de réduction à l'unité. — Règle de trois simple, composée. — Calcul du « *pour cent* ».

12e *séance*. — Règles d'intérêt. — Partage d'une somme en parties proportionnelles à des nombres donnés. — Problèmes.

13e *séance*. — Notation algébrique. — Règle des signes.

## GÉOMÉTRIE PLANE.

1re et 2e *seances*. — De la ligne droite et du plan. — Ligne brisée, ligne courbe. — Angles. — Angles adjacents. — Angles égaux. — Angle droit, aigu, obtus. — Perpendiculaire. — Verticale. — Par un point pris sur une droite, on peut mener une perpendiculaire à cette droite; on ne peut en mener qu'une.

Angles opposés par le sommet. — Leurs propriétés.

3ᵉ et 4ᵉ *séances*. — Triangle.

Dans un triangle, un côté quelconque est plus petit que la somme des deux autres.

Cas d'égalité des triangles.

5ᵉ et 6ᵉ *séances*. — Triangle isocèle, triangle équilatéral, triangle rectangle.

Propriétés du triangle isocèle.

Bissectrice d'un angle.

D'un point pris hors d'une droite, on peut abaisser une perpendiculaire sur cette droite, on ne peut en abaisser qu'une.

Propriétés de la perpendiculaire et de l'oblique.

Cas d'égalité des triangles rectangles.

7ᵉ et 8ᵉ *séances*. — Parallèles.

Deux droites perpendiculaires à une troisième sont parallèles entre elles.

Par un point pris hors d'une droite, on peut mener une parallèle à cette droite (on admettra sans démonstration qu'on ne peut en mener qu'une).

Si deux droites sont parallèles, toute droite perpendiculaire sur l'une d'elles est perpendiculaire sur l'autre.

Deux droites parallèles à une troisième sont parallèles entre elles.

Les angles formés par deux parallèles et une sécante sont deux à deux égaux ou supplémentaires.

9ᵉ et 10ᵉ *séances*. — La somme des angles d'un triangle est égale à deux droits.

Angles dont les côtés sont parallèles ou perpendiculaires.

Quadrilatères. — Parallélogramme, rectangle, carré, losange, trapèze.

Propriétés du parallélogramme.

**11ᵉ séance.** — De la circonférence. — Rayon, diamètre, arc, corde. Les arcs égaux sont sous-tendus par des cordes égales et réciproquement.

Les cordes égales sont également distantes du centre.

Le rayon perpendiculaire à une corde divise cette corde et l'arc sous-tendu en deux parties égales.

**12ᵉ séance.** — Trois points non en ligne droite déterminent une circonférence.

Tangente à la circonférence.

La tangente est perpendiculaire à l'extrémité du rayon.

Division de la circonférence en 360 degrés.

Rapporteur.

**13ᵉ, 14ᵉ et 15ᵉ séances.** — Usage de la règle, du compas, de l'équerre et du rapporteur.

Partager une droite en deux parties égales.

Partager un angle en deux parties égales.

Par un point pris sur une droite, élever une perpendiculaire à cette droite.

Par un point pris hors d'une droite, abaisser une perpendiculaire sur cette droite.

Par un point donné, mener une parallèle à une droite donnée.

Construire un triangle connaissant : 1° deux côtés et l'angle compris ; 2° un côté et les deux angles adjacents ; 3° les trois côtés.

Trouver le centre d'une circonférence donnée.

**16ᵉ et 17ᵉ séances.** — Lignes proportionnelles.

Triangles semblables.

Cas de similitude.

**18ᵉ et 19ᵉ séances.** — Figures équivalentes ; figures égales.

Mesure des surfaces.

Surface du rectangle, du parallélogramme, du triangle, du trapèze.

20e *séance*. — Polygone.

Surfaces d'un polygone par la décomposition en triangles.

Mesure de la circonférence, de la surface, du cercle (donner la formule sans démonstration).

Applications numériques sur la mesure des surfaces.

Définition et mesure des principaux solides. Donner sans démonstration les formules de leur volume.

## FORTIFICATION.

1re et 2e *séances*. — Nomenclature et usage des outils de campagne.

Divers retranchements employés en campagne. — Le retranchement le plus simple est le retranchement en ligne droite : ce tracé ne donne des feux que dans une seule direction, tous les points sont également forts et également faibles. Telle est la *coupure* facile à construire, mais dont les flancs doivent être appuyés à des obstacles infranchissables.

Le plus souvent, les retranchements sont tracés en ligne brisée; ils présentent alors des angles saillants et rentrants. Les feux les plus efficaces sont les feux perpendiculaires à la ligne de feu. — Secteurs privés de feux. — Flanquement, faces, flancs, courtines.

Ouvrages ouverts : *rédan* (saillant, capitale, gorge). Limites de l'angle au saillant. — inconvénients d'un angle trop aigu.

*Lunette* (faces, flancs, angles d'épaule), limite dès angles ; — les flancs sont facilement enfilés.

Ouvrages fermés : *redoute* (passage, traverse). La redoute est facile à construire et donne des feux dans quatre directions.

Emploi, avantages et inconvénients de chacun de ces ouvrages.

*3e séance*. — Étude du profil d'un retranchement. — Noms des différentes lignes d'un profil.

Retranchement ordinaire. — Epaisseur du parapet. — Plongée. — Angle mort. — Pentes des divers talus. — Berme. — Son utilité. — Conditions auxquelles doit satisfaire le fossé (on ne fera pas le calcul des dimensions). — Largeur supérieure du fossé. — Profondeur minima. — Glacis. — Quand faut-il construire un glacis ? Où prend-on les terres ?

Retranchements rapides.

Tranchées-abris. — Tracé. — Dimensions des ateliers. — Placement des pelles et des pioches. — Conduite du travail.

Trous de tirailleurs.

*4e séance*. — Revêtements. — Indiquer que les revêtements se font en gabions, fascines, gazons. — Donner une idée de ces matériaux.

Nécessité de construire dans l'intérieur des ouvrages, des abris pour les hommes et pour les munitions. — Abris en rails de chemins de fer : appuyer les rails contre le talus intérieur, les placer de champ, disposer par-dessus deux rangées de fascines et les recouvrir de terre ; épaisseur de la couche de terre

Défenses accessoires. — Abatis, ils se font sur

place ou avec des arbres transportés. — Organisation des abatis. — Réseaux de fil de fer, palissades, obstacles improvisés.

5e *séance*. — Instruction technique sur la mise à exécution des prescriptions contenues dans le règlement du 12 juin 1875, sur les manœuvres, et dans l'instruction du 4 octobre 1875, sur le service de l'infanterie en campagne, relativement à l'organisation défensive des obstacles qui se trouvent à la surface du sol.

Organisation défensive des berges et fossés.

Défense d'une haie. — Organisation défensive d'un mur de clôture; écrêter ou percer des créneaux aussi rapprochés que possible, sans affaiblir le mur; éviter qu'ils ne soient embouchés; flanquement du mur.

Défense d'une forêt : barrer les routes avec des coupures et des abatis; conserver les routes parallèles au front de l'ennemi; se ménager des passages pour prendre l'offensive; relier les arbres par des fils de fer; choisir un réduit en arrière d'une clairière.

6e *séance*. — Organisation défensive d'une maison isolée.

Organisation défensive d'une ferme : première enceinte formée par les murs de cour, haies, etc.; deuxième enceinte formée par les bâtiments; réduit.

Destruction des obstacles accumulés par la défense. — Emploi de la poudre ou de la dynamite pour renverser un mur, un arbre, des palissades, une porte.

7e et 8e *séances*. — Voies de communication.

Passage des cours d'eau, des fossés secs ou a fond marécageux.

Construction de petits ponts, ponceaux et passerelles.

Destruction et réparation des routes et des ponts. — Obstruction des gués.

Eléments d'une voie ferrée; accessoires de la voie. — Notions sommaires sur le matériel mobile.

Destruction d'une voie ferrée, des ponts, des tunnels et du matériel.

Interruption d'une ligne télégraphique.

## Exercices pratiques.

1re *séance*. — Chargement et déchargement des voitures d'outils.

2e *séance*. — Tracé, piquetage et profilement d'un retranchement ordinaire.

3e *séance*. — Exécution des retranchements rapides, des tranchées-abris, des trous de tirailleurs, des traverses. — Organisation et placement des ateliers.

4e *séance*. — Créneler et écrêter un mur.

5e *séance*. — Construire une barricade. — Abattre un arbre avec la hache ou la scie articulée.

6e *séance*. — Confectionner des abris pour bivouacs; des cuisines de campagne.

## TOPOGRAPHIE.

1re *séance*. — Notions préliminaires. — Topographie. — Définition et objet. — Verticale, plan horizontal. — Projection d'un point, d'une ligne, d'un objet sur un plan. — Cartes géographiques, topographiques. — Echelles; leur usage. — Echelles employées le plus généralement.

*2º séance.* — Désignation et représentation des objets à la surface du sol. — Planimétrie, son objet. — Eaux courantes. — Eaux stagnantes. — Manière de représenter les eaux. — Moyens usités pour les franchir. — Manière de les représenter.

Voies de communication. — Lieux habités. — Constructions, cultures, terrains boisés et détails du sol. — Mode de représentation. — Signes conventionnels. — Abréviations.

*3º séance.* — Etude et figuré des formes du terrain. — Notions préliminaires, altitude, pente, côte, commandement ou relief, nivellement.

Formes diverses qu'affecte le terrain. — Mode de représentation. — Plans en relief.

*4º séance.* — Figuré du terrain au moyen des courbes. — Equidistance généralement adoptée suivant l'échelle. — Représentation d'un mamelon, d'une croupe, d'une vallée, d'un col.

*5º séance.* — Figuré du terrain au moyen des hachures. — Ligne de plus grande pente, ses propriétés. — Représentation d'un mamelon, d'une croupe, d'une vallée, d'un col. — Représentation des rochers et des escarpements. — Tracé d'un profil. — Figuré du terrain au moyen de courbes et de teintes.

*6º séance.* — Exercices de lecture de cartes à l'aide de plans en relief. — Mesure des distances, recherche des lignes de partage, des lignes de défilement de l'horizon visible d'un point donné. — Indication qu'on peut tirer de l'étude de la carte sur les ressources d'une région d'après la configuration du terrain et la nature des cultures.

**7e** *séance*. — Emploi de la carte pour préparer l'exécution des petites opérations du service en campagne. — Placement d'une grand'-garde, des petits postes, des sentinelles. — Conduite d'un détachement.

Emploi de la carte pour le choix d'un campement, pour l'établissement d'un cantonnement.

**8e** *séance*. — Exécution d'un levé à vue, d'un croquis. — Mesure des distances. — Emploi d'instruments simples pour l'exécution d'un levé à vue (carton, boussole, double décimètre).

**9e** *séance*. — Reconnaissances. — Nécessité des reconnaissances. — Reconnaissance d'une route, d'un chemin de fer, d'un cours d'eau, d'un canal, d'un bois, d'un hameau, d'un village, d'une hauteur, d'un défilé, d'un pont. — Modèle de rapport.

## HISTOIRE DE FRANCE.

**1re** *séance*. — Organisation militaire de la France sous Louis XIV. — Résumé très succinct des guerres faites sous son règne. — Fin de la guerre de Trente-Ans. — Le grand Condé et Turenne. — Rocroy, Nordlingen, Fribourg, Lens. — Le traité de Westphalie donne à la France : Metz, Toul, Verdun et l'Alsace, moins Strasbourg et Mulhouse. — Continuation de la guerre avec l'Espagne. — Bataille des Dunes, traité des Pyrénées; le Roussillon et l'Artois sont acquis à la France. — Guerre de dévolution. — Conquête de la Flandre et de la Franche-Comté. — Traité d'Aix-la-Chapelle. — Guerre de Hollande. — Traité de Nimègue. — Ligue d'Augsbourg. — Invasion du Palatinat. — Traité de

Ryswick, ses conséquences. — Vauban. — Luxembourg. — Catinat. — Guerre de la succession d'Espagne. — Bataille de Denain. — Traités d'Utrecht, leurs conséquences. — Ministère de Louvois. — Création des Invalides.

**2e** *séance.* — Louis XV. — Régence du duc d'Orléans. — Guerre de la succession de Pologne. — Traité de Vienne, réunion de la Lorraine. — Guerre de la succession d'Autriche. — Victoires de Fontenoy et Raucoux remportées par Maurice de Saxe. — Paix d'Aix-la-Chapelle. — Guerre de Sept-Ans. — Défaite de Rosbach. — Désastres sur mer. — Le traité de Paris enlève à la France ses plus belles colonies. — Dupleix, Montcalm, Choiseul. — Partage de la Pologne. — La Corse est achetée aux Génois.

**3e** et **4e** *séances.* — Louis XVI. — Guerre d'Amérique. — Traité de Versailles. — Convocation des États Généraux. — Assemblée constituante. — Prise de la Bastille, 14 juillet. — Journées des 5 et 6 octobre. — L'Assemblée remplace les provinces par 83 départements. — Fuite de Varennes. — Assemblée législative. — Première coalition (1). — Manifeste du duc de Brunswick. — Convention nationale. — Proclamation de la République. — Soulèvement de la Vendée. — Valmy. — Jemmapes. — Dumou-

---

(1) Pour les campagnes de la République et de l'Empire, on se bornera à l'énumération des principales batailles; les chefs de corps prescriront de développer seulement une ou deux de celles auxquelles le régiment aura pris part.

riez. — Carnot. — Pichegru. — Jourdan. — Bonaparte au siège de Toulon. — Hoche. — Bataille de Quiberon.

Directoire. — Campagne d'Italie. — Expédition d'Egypte.

5e *séance*. — Consulat. — Campagne d'Italie. — Montebello. — Marengo. — Convention d'Alexandrie. — Campagne d'Allemagne. — Hohenlinden. — Traité de Lunéville. — Institutions militaires du Consulat. — Création de la Légion honneur.

6e et 7e *séances*. — Empire. — Coalition. — Campagne de 1805. — Elchingen. Ulm, Austerlitz. — Traité de Presbourg. — Campagne contre la Prusse. — Iéna. — Auerstaedt. — Blocus continental. — Eylau. — Friedland. — Paix de Tilsitt. — Guerre d'Espagne. — Campagne de 1809 en Autriche. — Eckmühl, Essling, Wagram. — Traité de Vienne. — Campagne de 1812 en Russie. — Bataille de la Moskowa. — Incendie de Moscou. — Campagne de 1813. — Lutzen. — Bautzen. — Dresde. — Désastre de Leipzig. — Campagne de France en 1814. — Brienne. — Champaubert. — Montmirail. — Bataille de Paris. — Bataille de Toulouse. — Abdication de Napoléon. — Premier traité de Paris. — Première restauration. — Les Cent-Jours. — Ligny. — Waterloo. — Deuxième traité de Paris. — Frontières françaises.

8e *séance*. — Seconde restauration. — Louis XVIII. — Campagne d'Espagne en 1823. — Charles X. — Intervention de la France en Grèce. — Bataille de Navarin. — Expédition d'Algérie. — Prise d'Alger. — Journées de Juillet 1830. — Avènement de Louis-Philippe. — Siège d'Anvers. — Conquête de l'Algérie. — Siège de Constantine. — Bataille d'Isly, gagnée par le maréchal Bugeaud. — Soumission d'Abd-el-Kader. — Fortifications de Paris. — Révolution du 24 février 1848. — Proclamation de la République. — Intervention romaine.

9° *séance*. — Empire. — Avènement de Napoléon III. — Guerre de Crimée. — Prise de Sébastopol. — Traité de Paris. — Guerre d'Italie, en 1859. — Magenta et Solférino. — Paix de Villafranca. — Guerre de Chine. — Combat de Palikao. — Campagne du Mexique. — Siège de Puebla. — Occupation.

10° *séance*. — Guerre de la Prusse et de l'Autriche contre le Danemark. — Bataille de Duppeln. — Paix de Gastein. — Guerre de 1866 entre la Prusse et l'Autriche. — Bataille de Sadowa, ses conséquences. — Traité de Prague. — Guerre de 1870-1871. — Wissembourg, Wœrth, Sarrebruck. — Siège de Metz. — Borny, Rezonville, Saint-Privat. — Combats de Beaumont. — Mouzon. — Bataille de Sedan. — Siège de Paris. — Capitulation de Metz. — Continuation de la guerre sur la Loire, dans le Nord et dans l'Est. — Coulmiers. — Capitulation de Paris. — Armée de l'Est. — Traité de Francfort.

## GÉOGRAPHIE MILITAIRE.

1re *séance*. — Étude du globe. — Les cinq parties du monde. — Races.

Asie. — Principaux Etats de l'Asie : Perse, Inde, Chine, Japon, Russie d'Asie, possessions de la France en Asie.

Afrique. — Principaux États de l'Afrique :

Égypte, Tripoli, Tunis, Maroc, le cap de Bonne-Espérance. — Possessions françaises en Afrique sauf l'Algérie.

Amérique. — Principaux États d'Amérique : États-Unis, Mexique, Venezuela, Equateur, Brésil, Pérou, Chili, République Argentine. — Possessions françaises de la Guyane et des Antilles.

Océanie. — Australie, Malaisie, Polynésie, Nouvelle-Calédonie.

2e *séance*. — Europe : Principaux Etats de l'Europe. — Mers, fleuves, montagnes. — Etat militaire des puissances européennes.

3e *séance*. — France, frontière du Nord-Est. — Portion française des bassins de l'Escaut, de la Meuse et du Rhin. — Places fortes françaises et étrangères.

4e *séance*. — Frontière des Alpes et du Jura. — Bassin du Rhône. — Places fortes françaises et étrangères.

5e *séance*. — Frontière des Pyrénées. — Principaux passages dans les Pyrénées. — Bassins de l'Adour et de l'Aude. — Places fortes françaises et espagnoles.

6e *séance*. — Côtes de l'Océan. — Bassin de la Garonne. — Bassin de la Loire. — Ports. — Iles.

7e *séance*. — Côtes de la Manche. — Bassin de la Seine. — Bassin de la Somme. — Ports.

8e *séance*. — Côtes de la Méditerranée. — Ports. — Corse. — Algérie.

9e *séance*. — Principales lignes de chemins de fer. — Routes et voies coupant les frontières.

Paris et Limoges. — Imprimerie militaire Henri Charles-Lavauzelle.

# CATALOGUE
## DE LA LIBRAIRIE MILITAIRE
# Henri CHARLES-LAVAUZELLE
### ÉDITEUR DU BULLETIN OFFICIEL DU MINISTÈRE DE LA GUERRE
#### CHARGÉ DE LA VENTE DES PRODUITS DU DÉPÔT DE LA GUERRE

La Librairie Militaire Henri Charles-Lavauzelle, à Paris et Limoges, se charge de publier, soit à son compte, soit à celui des Auteurs, tous les Ouvrages militaires se rattachant à sa spécialité; une puissante organisation lui permet d'offrir les meilleurs avantages.

**Les Commandes accompagnées d'un Mandat postal ou de Timbres-Poste sont expédiées *franco*.**

## TABLE DES MATIÈRES

### PARIS
11, Place St-André-des-Arts

### LIMOGES
46, Nouvelle route d'Aixe

## HENRI CHARLES-VAUZELLE
Édit

# PETITE BIBLIOTHÈQUE

## DE

# L'ARMÉE FRANÇAISE

Honorée d'une souscription de 22,000 exemplaires du ministère de la Guerre, et d'une médaille d'or en 1885 de la Société d'instruction et d'éducation de Paris.

### SÉRIE DE VOLUMES IN-32, D'ENVIRON 128 PAGES

Broché........................................ .......... » 30

*franco.* » 35

Relié toile anglaise gaufrée et dorée.................... » 60

---

Le Général Boulanger, actes et paroles, par H. C. P. B.

Histoire militaire de la France, de 1643 à 1871, par Émile Simond, lieutenant au 28e de ligne. — 2 vol.

Armées étrangères contemporaines : Europe, Asie, Afrique, Amérique, Océanie, par A. Garçon, 2 volumes.

L'Armée allemande, son histoire, son organisation actuelle. — Vol. de 128 pages (4e édition).

L'Armée suisse, son histoire, son organisation actuelle, par le commandant Heumann, O ✠. — Vol. de 136 pages.

L'Armée russe. — Tome Ier : Organisation générale ; — Le règlement d'infanterie ; — Le service en campagne ; — Instruction sur les travaux de campagne. — Vol. de 96 pages, orné de figures (2e édition).

L'Armée belge, composition, recrutement, mobilisation, écoles militaires, institut cartographique, armement, manufacture d'armes de Liège, régime intérieur, alimentation, uniformes, système défensif (2e édition). — Vol. de 96 pages.

L'Armée anglaise, son histoire, son organisation actuelle, par A. Garçon (2e édition). — Vol. de 144 pages.

La Marine anglaise, histoire, composition, organisation actuelle, par A. Garçon. — Vol. de 96 pages.

L'Armée italienne, son organisation actuelle, sa mobilisation. — Vol. de 128 pages.

L'Armée ottomane contemporaine, par Ch. Lebrun-Renaud. — Vol. de 96 pages.

L'Armée des Pays-Bas, notices militaires et géographiques (publication de la Réunion des officiers). — 2 vol.

L'Armée suédoise, par le capitaine R. R\*\*\*. — Vol. de 62 pages.

L'Armée portugaise, par A. Garçon. — Vol de 108 pages.

Journal du siège de Tuyen-Quan (23 novembre 1884-3 mars 1885), avec un plan de la forteresse, d'après un croquis du lieutenant-colonel Dominé. — Vol. de 102 pages.

Historique succinct de l'artillerie au Tonkin, pendant les années 1883 et 1884, par C. Humbert, chef d'escadron d'artillerie de la marine, breveté d'état-major. — 2 vol.

Étude militaire sur l'Egypte, campagne des Anglais en 1882 (2e édition). — Vol. de 32 pages sur fort papier velin.

Le Soudan, Gordon et le Mahdi, par le commandant Heumann, O ✠. — Vol. de 96 p., avec 2 cartes et 4 plans.

Précis de la guerre du Pacifique (entre le Chili d'une part, le Pérou et la Bolivie de l'autre). — Vol. de 72 pages, suivi d'une carte planimétrique de la côte du Pacifique et d'un plan des principales batailles (2e édition).

L'Éducation et la discipline militaires chez les anciens, par Marcel Poullin. — Vol. de 144 pages.

Étude sur le tir des armes portatives en France et a l'étranger. — Méthode d'instruction. — Pratique du tir. — Tir de guerre. — Vol. de 88 pages, orné de 43 gravures (3e édition).

L'Alimentation du soldat en campagne. La ration de guerre et la préparation rapide des repas en campagne, par Charles Schindler, médecin-major de 1re classe. — Vol. de 80 pages.

Rôle, organisation, attaque et défense des places fortes. — Vol. de 112 pages, avec figures dans les texte.

Guide du sous-officier et du caporal d'infanterie sur la place d'exercice, en terrain varié et sur le champ de bataille. Manuel rédigé en vue de répondre aux questions ci-après des programmes annexés à la circulaire du 3 septembre 1883, savoir : 1o Principes de discipline et d'éducation morale ; — 2o Ecole des guides à l'école de compagnie et à l'école de bataillon ; — 3o Fonctions des caporaux dans la colonne de route ; — 4o Place et fonctions des caporaux et sous-officiers dans les revues et défilés ; — 5o Rôle et devoirs des caporaux et des sous-officiers dans le combat en ordre dispersé (2ᵇ partie de l'école de compagnie). — Vol. de 128 pages (2ᵉ édition).

VOIES ET MOYENS DE COMMUNICATION EN FRANCE, EN ALGÉRIE ET EN TUNISIE: routes; voies navigables; paquebots; chemins de fer; bureaux ambulants; lignes télégraphiques, par Roger Barbaud, inspecteur des postes et des télégraphes, payeur de la 23ᵉ division d'infanterie. — 2 vol. de 128 pages.

COURS DE TOPOGRAPHIE, à l'usage des officiers et sous-officiers; ouvrage rédigé conformément aux programmes officiels du 30 septembre 1874, par A. Laplaiche, professeur de la Société de Topographie de France, membre de la Société française de Physique, etc. — 2 vol. (5ᵉ édition).

 Le 1ᵉʳ de 120 pages, orné de 140 figures ;
 Le 2ᵉ de 128 pages, orné de 66 figures.

MÉTHODE D'ENSEIGNEMENT POUR L'INSTRUCTION DU SOLDAT ET DE LA COMPAGNIE, conforme aux prescriptions des règlements des 23, 26 octobre, 28 décembre 1883 et 29 juillet 1884. — Vol. de 128 pages avec plans et croquis, par J. Bailly, capitaine au 90ᵉ de ligne.

LES OUTILS DU PIONNIER D'INFANTERIE, d'après l'instruction ministérielle du 8 août 1880, complétée et rectifiée à l'aide des documents officiels les plus récents sur le port, le chargement, l'entretien et l'emploi des outils. — 25 figures intercalées dans le texte. — Vol. de 84 pages.

LES CARTOUCHES ET LE CAISSON D'INFANTERIE, suivi d'une instruction pour le ravitaillement des munitions sur le champ de bataille, avec figures dans le texte. — Vol. de 100 pages.

LES TRAVAUX DE CAMPAGNE, guide théorique et pratique du pionnier d'infanterie, d'après les cours professés à l'Ecole des travaux de campagne et les ouvrages les plus autorisés publiés à l'étranger. — Vol. de 140 pages, orné de 63 gravures (2ᵉ édition).

NOTIONS SUR LA VIANDE FRAICHE DESTINÉE A LA TROUPE :

 Tome I. — *Généralités sur l'alimentation ; achat de la viande sur pied ; connaissances professionnelles.* — Vol. de 92 pages, orné de nombreuses gravures.

 Tome II. — *Marchés ; abattoirs ; boucheries ; distri-*

butions, espèces de viande ; transport et entretien du bétail. — Vol. de 96 pages, orné de nombreuses grav.

Tome III. — *Ordinaire ; réglementation ; achat de la viande fraîche ; cahier des charges.*

CODE-MANUEL DES RÉQUISITIONS MILITAIRES, textes officiels annotés et mis à jour par de L..., licencié en droit, et l'intendant militaire A. T... — 3 vol. :

Tome Ier. — *Exposé des principes. — Textes de la loi du 3 juillet 1877 et du règlement du 2 août 1877,* avec notes et commentaires. — Vol. de 112 pages.

Tome II. — *Recensement et réquisition des chevaux et voitures.* — Vol. de 96 pages.

Tome III. — *Guide pratique des diverses autorités et commissions pour l'application de la loi du 3 juillet 1877.* — Formules et modèles. — Vol. de 96 pages.

CONDITIONS CIVILE ET POLITIQUE DES MILITAIRES (Recueil complet des lois, décrets, ordonnances, instructions, décisions et dispositions diverses actuellement en vigueur et relatives aux). — 2 vol. de 128 pages.

RECUEIL COMPLEL avec notes et commentaires des LOIS, DÉCRETS, CIRCULAIRES, DÉCISIONS ET INSTRUCTIONS MINISTÉRIELLES EN VIGUEUR, établissant les droits des SOUS-OFFICIERS en matière de rengagement et mariage, retraite et admission aux emplois civils (4e édition). — 2 vol. : le 1er de 112 pages ; le 2e de 144 pages.

CONSEILS AUX JEUNES SOUS-LIEUTENANTS A LEUR SORTIE DE L'ECOLE. — Vol. de 64 pages.

DROITS ET DEVOIRS DU SOLDAT, d'après les lois, décrets et règlements les plus récents, par A. de la Villatte, lieutenant-colonel du 5e régiment d'infanterie, O ✠. Ouvrage adopté par le ministère de l'instruction publique pour les bibliothèques scolaires et populaires. — Vol. de 96 pages.

DÉCRET DU 24 AVRIL 1884 SUR LA COMPTABILITÉ DES CORPS DE TROUPE EN CAMPAGNE. — Vol. de 88 p., avec modèles.

MANUEL PRATIQUE DE COMPTABILITÉ, à l'usage des sous-officiers comptables de compagnie. — Vol. in-32 de 80 pages.

CHANTS MILITAIRES, CHANSONS DE ROUTE ET REFRAINS DU BIVOUAC, par le capitaine du Fresnel, du 62e de ligne. — Vol. de 56 pages.

SONNERIES ET MARCHES du règlement du 29 juillet 1884 sur l'exercice et les manœuvres de l'infanterie, avec paroles du capitaine du Fresnel. — Vol. de 96 pages.

LA CAVALERIE DE SECONDE LIGNE EN FRANCE ET A L'ÉTRANGER, par Romuald Brunet. — Vol. de 96 pages.

PASSAGE DES COURS D'EAU A LA NAGE PAR LA CAVALERIE. — Vol. de 64 pages, avec carte et figures.

HISTORIQUE DU 2e RÉGIMENT D'INFANTERIE. — Amérique, 1779-1783. — Fleurus, 1794. — Neuvied, 1797. — Zurich, 1799. — Gênes, 1800. — Friedland, 1807. — Essling, Wagram, 1809. — Polotsk, 1812. — Fleurus, 1815. — Espagne, 1829. — Algérie, 1842, 1848. — Italie, 1859. — Vol. de 128 pages.

HISTORIQUE DU 25e DE LIGNE. — Vol. de 128 pages.

HISTORIQUE DU 30e DE LIGNE. — Vol. de 128 pages.

HISTORIQUE DU 31e DE LIGNE. — Vol. de 64 pages.

HISTORIQUE DU 35e DE LIGNE. — Vol. de 112 pages.

HISTORIQUE DU 56e DE LIGNE, rédigé par le capitaine adjudant-major Télmat (2e édition). — Vol. de 120 pages.

HISTORIQUE DU 62e DE LIGNE. — Vol. de 96 pages.

HISTORIQUE DU 64e DE LIGNE. — Vol. de 64 pages.

HISTORIQUE DU 65e DE LIGNE. — Vol. de 128 pages.

HISTORIQUE DU 69e DE LIGNE. — Vol. de 128 pages.

HISTORIQUE DU 71e DE LIGNE. — Vol. de 72 pages.

HISTORIQUE DU 72e DE LIGNE. — Vol. de 128 pages.

HISTORIQUE DU 85e DE LIGNE. — Volume de 64 pages.

HISTORIQUE DU 86e DE LIGNE. — Vol. de 96 pages.

HISTORIQUE DU 92e DE LIGNE. — Vol. de 96 pages.

HISTORIQUE DU 94e DE LIGNE. — Vol. de 128 pages.

HISTORIQUE DU 138e DE LIGNE. — Vol. de 64 pages.

HISTORIQUE DU 3e ZOUAVES. — Vol. de 120 pages.

HISTORIQUE DU 7e BATAILLON DE CHASSEURS A PIED. — 2 vol.

HISTORIQUE DU 10e BATAILLON DE CHASSEURS A PIED. — Vol. de 80 pages.

HISTORIQUE DU 3e RÉGIMENT DU GÉNIE, publié avec l'autorisation du Ministre de la guerre (2e édition). — 3 volumes.

HISTORIQUE DU 1er RÉGIMENT DE SPAHIS. — Vol. de 96 pages.

M. Henri Charles-Lavauzelle se met à la disposition de tous les chefs de corps pour publier l'historique de leur régiment dans la série de la *Petite Bibliothèque de l'Armée française.*

## LA COLLECTION COMPRENDRA 300 VOLUMES

MODE DE SOUSCRIPTION. — Chaque volume de la *Petite Bibliothèque de l'Armée française* ne coûtant, *broché*, que 0 fr. 30 (0,35 *franco* par la poste), ou 0 fr. 60 *relié* toile, il importe au plus haut point d'éviter des frais supplémentaires de correspondance. On peut y souscrire en adressant à l'Editeur une demande d'un certain nombre de volumes à expédier au fur et à mesure qu'ils paraîtront, accompagnée d'un mandat postal représentant leur prix à raison de 0,35 centimes l'un, si on les désire *brochés*, de 0 fr. 60 pour les avoir richement reliés en toile.

MM. les Officiers désireux de venir en aide à notre Comité d'études et de rédaction sont priés de nous faire connaître le sujet qu'ils sont décidés à traiter, aussitôt que leur choix sera définitivement arrêté.

*Les manuscrits, écrits lisiblement et au* RECTO SEULEMENT, *devront être adressés à l'Editeur comme papiers d'affaires recommandés.*

# Administration, Recrutement, Comptabilité.

MANUEL DU SERVICE DES HÔPITAUX, à l'usage des officiers d'administration et des candidats à ce grade, par S. Poulard, professeur à l'Ecole d'administration de Vincennes, licencié en droit. — Vol. in-8º de 306 pages.   6   »

BARÈME POUR L'APPLICATION DU DÉCRET DU 19 JUIN 1888 SUR LE SERVICE DES FRAIS DE ROUTE. — Volume in-4º de 134 pages....................................   5   »

TABLEAU SYNOPTIQUE, imprimé en trois couleurs, portant décompte de l'indemnité kilométrique de 1 à 1,200 kilomètres, pour MM. les officiers, les adjudants et les hommes de troupe....................................   1   »

DÉCRET DU 12 JUIN 1867 portant règlement sur le service des frais de route des militaires isolés mis à jour jusqu'au 1er juillet 1888. — Vol in-8º de 188 pages........   » 90

DÉCRET DU 10 NOVEMBRE 1887 modifiant les règlements en vigueur sur l'ADMINISTRATION et la COMPTABILITÉ des corps de troupe. — Vol. in-8º de 154 pages, *franco.*   » 90

VADE-MECUM ADMINISTRATIF de MM. les capitaines commandants et des sous-officiers comptables, par un officier d'administration. — Vol. in-8º de 244 pages......   2   »

NOTIONS DE DROIT INTERNATIONAL destinées à MM. les officiers de l'armée active, de la réserve et de l'armée territoriale, et suivies d'un memento à l'usage des sous-offi ciers, caporaux et soldats. — Br. in-32 de 128 p. = . . 1 2

La Mobilisation, mesures préparatoires en temps de paix
recrutement et réquisitions militaires. Devoirs des mu
nicipalités en temps de guerre d'après les lois et règle
ments en vigueur, par Edm. Pascal. — Vol. grand in-8
de 400 pages, avec formules et tableaux............ 10

Aide-mémoire des fonctionnaires de l'intendance e
campagne. — Vol. in-8° de 396 pages, relié toil
anglaise =.................................... 6 »

Instruction du 31 mars 1887, pour l'exécution du servic
des lits militaires, à partir du 1er avril 1887. — Br.
in-8° de 20 pages, franco................... » 20

Règlement du 8 juin 1883, sur le service de la solde et sur
les revues; édition de 1888 mise à jour jusqu'au n° 46 du
Bulletin officiel du Ministère de la guerre. — Volume
in-8° de 216 pages........................... 1 »

Décret du 6 février 1888, portant règlement sur la conces-
sion des congés et permis. — Br. in-8°, franco.. » 20

Règlement sur le service de l'armement, approuvé le
30 août 1884. — Br. de 204 pages =.............. 2 50

Tarif provisoire des prix des réparations, approuvé le
6 septembre 1887 (armes modèle 1874 et modèle 1866-74,
fusil modèle 1884, fusil modèle 1885 et modèle 1874-1885,
fusil modèle 1886, revolver modèle 1873, armes blanches.
— Br. de 112 pages, franco.................... » 70

Règlement sur le service et l'entretien du harnachement de l'artillerie et des équipages militaires, dans
les corps de troupe et dans les établissements (11 juin
1883) ....................................... » 40

Instruction du 27 novembre 1887 sur la création, le but et
le fonctionnement de la masse des écoles. — Br. in-8°
de 24 pages, net et franco.................... » 30

Instruction ministérielle du 2 décembre 1886, réglant le
fonctionnement de la masse de petit équipement. —
Br. in-8° de 16 pages, franco................. » 25

Recueil des documents officiels visés par l'instruction
du 2 décembre 1886, réglant le fonctionnement de la
masse de petit équipement. — Br. in-8°......... » 25

Ordonnance du 10 mai 1844, portant règlement sur l'administration et la comptabilité des corps de troupe,

modifiée par les décrets des 7 août 1875 et 1er mars 1880, extrait établi suivant décision du 29 juin 1883 du Ministre de la guerre. — Vol. in-32, cartonné, de 198 pages ✕.................................................... » 80

EXTRAITS DES RÈGLEMENTS ET INSTRUCTIONS SUR L'ADMINISTRATION, LES APPELS ET LA MOBILISATION DES RÉSERVISTES ET DISPONIBLES, à l'usage des troupes d'infanterie. — Vol. in-8º de 240 pages.................. 2 50

DÉCISION MINISTÉRIELLE DU 24 OCTOBRE 1887, portant adoption et description de la TENUE DE VILLE DES SOUS-OFFICIERS RENGAGÉS ET COMMISSIONNÉS. — Br. in-8º de 64 pages............................... *franco* » 60

RÈGLEMENT ET INSTRUCTION DU 16 NOVEMBRE 1887 SUR LE SERVICE DE L'HABILLEMENT DANS LES CORPS DE TROUPE; modèles, tableaux et tarifs. — Br. in-8º de 168 pages *franco* » 70

NOMENCLATURE DU MATÉRIEL DE L'HABILLEMENT ET DU CAMPEMENT, DU 27 AVRIL 1888. — Vol. in-8º de 284 p g. 1 » *franco* 1 30

TARIFS DU 7 JUILLET 1881 indiquant les prix à allouer en temps de paix et en temps de guerre pour les réparations à effectuer aux effets d'habillement, de coiffure et de petit équipement. — Brochure in-8º de 52 pages = 1 »

INSTRUCTION MINISTÉRIELLE DU 22 NOVEMBRE 1887, relative à la formation et au renouvellement dans les magasins administratifs des approvisionnements de toute nature du service de l'HABILLEMENT et du CAMPEMENT. — Br. in-8º de 76 pages............................... *franco* » 40

INSTRUCTION DU 15 JANVIER 1888 sur la manière de manutentionner et d'entretenir LES EFFETS dans les magasins administratifs. — Br. in-8º.............. *franco* » 15

INSTRUCTION DU 16 MARS 1887 SUR L'HABILLEMENT DES ÉCOLES DES SOUS-OFFICIERS ET ÉLÈVES OFFICIERS (note relative à l'habillement des élèves stagiaires de l'Ecole d'administration). — Br. in-8º de 16 pages....... *franco* » 25

CAHIER DES CHARGES DU 7 SEPTEMBRE 1888 pour la fourniture des fourrages à la ration. — Brochure in-8º de 64 pages, *franco*............................... » 60

VADE-MECUM DE L'OFFICIER D'APPROVISIONNEMENT. — Nou-

2

velle édit., revue, corrigée et augm., avec appendice,

Contenant, avec l'instruction du 17 mars 1882, les modèles et les notices qui y font suite : 1° La circulaire du 14 mars 1883 sur le groupement et l'administration des isolés ; — 2° La circulaire du 13 août 1879 portant création d'un nouveau tarif d'indemnité journalière ; — 3° Des renseignements utiles sur les premiers soins à donner aux chevaux, en l'absence du vétérinaire ; — 4° Plusieurs tarifs suivis d'instructions pratiques sur leur application ; — 5° Une notice spéciale sur l'organisation et le fonctionnement des services administratifs pendant les grandes manœuvres ; — 6° Une notice sur le service d'alimentation en campagne ; — 7° Des renseignements sur la qualité des denrées alimentaires et les moyens de reconnaître si elles sont de bonne qualité ; — 8° Un résumé, aussi complet que possible, des principes mathématiques pour le mesurage, le pesage et le jaugeage des denrées de toute nature.

Vol. de 340 pages, richement relié en toile anglaise gaufrée =........................................ 5 »

INSTRUCTION DU 30 AOUT 1885, sur le fonctionnement du service de l'ALIMENTATION EN TEMPS DE GUERRE. — Br. in-32 de 78 pages =........................... » 50

CODE-MANUEL DES RÉQUISITIONS MILITAIRES. Textes officiels annotés et mis à jour par de L..., licencié en droit, et l'intendant militaire A. T... — 3 vol. :

Tome 1er. — *Exposé des principes; texte de la loi du 3 juillet 1877 et du règlement du 2 août 1877, avec notes et commentaires.* — Br. in-32 de 112 pages........ » 35
Richement relié toile...................... » 60

Tome II. — *Recensement et réquisition des chevaux et voitures.* — Br. in-32 de 96 pages............. » 35
Richement relié toile...................... » 60

Tome III. — *Guide pratique des diverses autorités et commissions pour l'application de la loi du 3 juillet 1877.* Formules et modèles. — Br. in-32 de 96 pages... » 35
Richement relié toile...................... » 60

INSTRUCTION DU 21 JUILLET 1886 pour le règlement des dommages causés aux propriétés privées par les manœuvres ou exercices exécutés par les corps de troupe. — Vol. in-32.............................. » 35

DÉCRET DU 24 AVRIL 1884 SUR LA COMPTABILITÉ DES CORPS DE TROUPE EN CAMPAGNE, avec rapport au Ministre, instruction et modèles. — Broché................. » 35
Relié toile gaufrée...................... » 60

MANUEL PRATIQUE DE COMPTABILITÉ, à l'usage des sous-offi-
ciers comptables de compagnie.— Vol. in-32 de 80 p » 35
    Richement relié toile........................ » 60
RÈGLEMENT DU 23 OCTOBRE 1887 SUR LA GESTION DES ORDI-
NAIRES. — Br. in-8o........................... » 50
RÈGLEMENT PROVISOIRE DU 20 JUIN 1888 SUR L'ENTRETIEN DU
CASERNEMENT PAR LES CORPS OCCUPANTS. — Br. in-8o,
*franco*.................................... » 15
RÈGLEMENT DU 27 NOVEMBRE 1887 ET INSTRUCTION DU 27
MAI 1888 SUR LE SERVICE DU CHAUFFAGE DANS LES CORPS
DE TROUPE. — Br. in-8o de 96 pages......*franco* » 50
DÉCRET DU 27 NOVEMBRE 1887, portant règlement sur le
service du CHAUFFAGE dans les corps de troupe...... » 20
MANUEL SUR LES PENSIONS DE RETRAITE des officiers, sous-
officiers, brigadiers, caporaux, soldats ou gendarmes,
et sur les pensions des veuves et secours aux orphelins,
avec tarifs. — Br. in-8o de 58 pages, avec nombreux ta-
bleaux (4e édition) =........................... 1 »
CLASSIFICATION DES BLESSURES ET INFIRMITÉS OUVRANT DES
DROITS A LA PENSION DE RETRAITE (23 juillet 1887). —
Br. in-8o de 20 pages, *franco*................... » 35
INSTRUCTION DU 9 JUIN, POUR L'EXÉCUTION DE LA LOI DU 22
JANVIER 1851, portant création de la statistique médicale
de l'armée. — Br. de 96 pages...........*franco* » 70
TRAITÉ DES PENSIONS CIVILES ET MILITAIRES, par M. Adrien
Bavelier, ancien avocat à la cour de cassation.
    Tome I. — *Pensions civiles.*
    Tome II. — *Pens. milit. des armées de terre et de mer.*
    Les 2 vol. in-8o............................... 12 »
LOI SUR L'ADMINISTRATION DE L'ARMÉE, promulguée le
16 mars 1882. — Br. in-32 ×................... » 15
ARMÉE FRANÇAISE. — QUESTIONS ADMINISTRATIVES, par
M. Truchot, officier d'administration en retraite. —
Vol. in-8o..................................... 3 »
FRANCE ET ADMINISTRATION MILITAIRE, par le même. —
Vol. in-8o..................................... 3 »
LOIS, DÉCRETS, CIRCULAIRES réglementant la fabrication,
l'emploi et le transport de la dynamite et du coton-
poudre ; textes officiels annotés et coordonnés à l'usage
de la gendarmerie nationale, par le commandant Dumas-
Guilin. — Vol. in-8o de 84 pages................ 1 »

# Théories, Règlements, Publications officielles

## TOUTES ARMES

DÉCRET DU 23 OCTOBRE 1883 portant règlement sur le SERVICE DANS LES PLACES DE GUERRE ET LES VILLES DE GARNISON, (15e édition). — Vol. in-32 cartonné de 280 pages (à jour jusqu'au mois d'août 1888)......... X 1 »

RÈGLEMENT PROVISOIRE DU 1er DÉCEMBRE 1887 sur les travaux de constructions militaires. — Vol. in-8o de 140 pag. Prix *franco*............................ 1 40

CAHIER DES CLAUSES ET CONDITIONS GÉNÉRALES imposées aux entrepreneurs des travaux militaires. Vol. in-8o de 42 pages, *franco*............................ » 40

ORGANISATION DU COMMANDEMENT DES PLACES FORTES. — Br. in-8o de 24 pages *franco*.................... » 30

DÉCRET DU 26 OCTOBRE 1883 portant règlement sur le SERVICE DES ARMÉES EN CAMPAGNE (15e édition). — Vol. in-32 cart. de 288 p. (à jour jusqu'au mois d'août 1888) X 1 »

RÈGLEMENT DU 10 MARS 1888, relatif à l'instruction à donner en temps de paix au personnel de la télégrap. militaire. Br. in-8o de 32 pages, net et *franco*............. » 25

INSTRUCTION relative à la confection et au mode d'emploi des CARTOUCHES DU TIR RÉDUIT X............... » 40

EXTRAIT DE L'INSTRUCTION MINISTÉRIELLE DU 27 JANVIER 1882 SUR LE TIR RÉDUIT. — Br. in-32 X..... » 15

RÈGLEMENT DU 26 NOVEMBRE 1884, concernant les soins et précautions à prendre pour la conservation des POUDRES et MUNITIONS DE GUERRE dans les magasins. — Br. in-32 de 48 pages X................................ » 50

EXTRAIT DE L'INSTRUCTION MINISTÉRIELLE DU 30 AOUT 1884, sur l'entretien des ARMES et des MUNITIONS. (Carabine de cavalerie avec baïonnette et carabine de gendarmerie avec sabre-baïonnette, revolver et armes blanches, munitions.) — Br. in-32 de 64 pages X..... » 30

INSTRUCTION MINISTÉRIELLE DU 15 JANVIER 1874 sur la nomenclature, le démontage, le remontage et l'entretien du REVOLVER MODÈLE 1873. — Br. in-32 X......... » 30

MANUEL DU SOLDAT EN CAMPAGNE. — Br. in-32....... » 50

DISPOSITIONS RELATIVES A L'EXÉCUTION DES MANŒUVRES

D'AUTOMNE EN 1888, *franco*..................... » 30
DISPOSITIONS RELATIVES AUX CANTONNEMENTS ET AUX MAR-
CHES DANS LES ALPES, pendant l'année 1888. — Br.
in-8º de 28 pages, *franco* ..................... » 35
INSTRUCTION DU 28 AVRIL 1888 SUR L'ORGANISATION ET LE
FONCTIONNEMENT DES STATIONS HALTE-REPAS ET SUR
L'ALIMENTATION PENDANT LES TRANSPORTS STRATÉGIQUES.
— Br. in-8º de 68 pages, *net et franco*.......... » 40
DÉCISION MINISTÉRIELLE DU 29 FÉVRIER 1888 modifiant les
annexes au règlement sur le service des étapes et au
règlement sur le service de santé en campagne. — Br.
in-8º de 16 pages et 4 planches.................... » 30
RÈGLEMENT GÉNÉRAL POUR LES TRANSPORTS MILITAIRES PAR
CHEMINS DE FER (2e partie). — Vol. in-8º de 490 pa-
ges, *franco*..................................... 3 50
LES TRANSPORTS PARTICULIERS DE LA GUERRE (extrait de
l'instruction ministérielle du 25 mars 1886), conte-
nant tout ce qui intéresse MM. les officiers et assimilés,
les sous-officiers mariés, les chefs ouvriers et les gen-
darmes. — Br. in-32 ✕..................... » 30
INSTRUCTION SPÉCIALE POUR LE TRANSPORT DES TROUPES
PAR LES VOIES FERRÉES. — Extrait du règlement général
pour les transports militaires (décret du 1er juillet 1874).
Infanterie ✕..................................... 1 »
Cavalerie ✕..................................... 1 »
Artillerie (édition de 1888) ✕.................. 1 »
INSTRUCTION POUR L'EMBARQUEMENT ET LE DÉBARQUEMENT
DES TRAINS MILITAIRES. — Vol. in-32, avec 2 plan-
ches ✕......................................... » 30
ANNEXE A L'INSTRUCTION SPÉCIALE POUR LE TRANSPORT
DES TROUPES D'ARTILLERIE ET DU TRAIN DES ÉQUIPAGES
PAR LES VOIES FERRÉES, approuvée le 23 mars 1887. —
Br. in-32 de 20 pages ✕...................... » 30
CODE DES SIGNAUX SUR LES CHEMINS DE FER FRANÇAIS
adopté par arrêté ministériel du 15 novembre 1885, avec
figures. — Br. in-32 ✕...................... » 50
RECUEIL COMPLET, avec notes et commentaires, des LOIS
DÉCRETS, CIRCULAIRES, DÉCISIONS et INSTRUCTIONS MINIS
TÉRIELLES EN VIGUEUR, établissant les droits des sous
OFFICIERS en matière de rengagement et mariage
retraite et admission aux emplois civils. — 2 vo

in-32, brochés.................................... » 70

    Richement reliés toile........................ 1 20

DROITS ET DEVOIRS DU SOLDAT DE L'ARMÉE ACTIVE, DE LA RÉSERVE ET DE L'ARMÉE TERRITORIALE, d'après les lois, décrets et règlements les plus récents, par A. de la Villatte, lieutenant-colonel du 5e régiment d'infanterie, officier d'académie. Ouvrage adopté par le ministère de l'instruction publique pour les bibliothèques scolaires et populaires (édition, entièrement refondue). — Vol. in-32 de 96 pages, broché...................., » 35

    Richement relié toile........................,,.... » 60

OBLIGATIONS imposées par la loi aux RÉSERVISTES ET TERRITORIAUX. — Br. in-32 ✕.....................,....,, » 25

INSTRUCTION MINISTÉRIELLE DU 22 MARS 1886, pour les CONVOCATIONS ANNUELLES de l'armée territoriale. — Vol. in-32 de 96 pages ✕.............................. » 60

LOI DU 19 MAI 1834, SUR L'ÉTAT DES OFFICIERS. — Br. in-32 de 16 pages ✕..............,................ » 20

TABLEAU D'AVANCEMENT DES OFFICIERS DE TOUS GRADES ET ASSIMILÉS pour l'année 1888. — Br. in-8o de 64 pag. » 40

AIDE-MÉMOIRE DE L'OFFICIER D'ÉTAT-MAJOR EN CAMPAGNE, dernière édition mise à jour. — Beau vol. de 360 pages, avec nombreux tableaux et croquis =.........., 5 »

DÉCRET DU 21 DÉCEMBRE 1886, portant réorganisation du service dans les ÉTATS-MAJORS. — Br. in-fo tellière de 36 pages, avec marge pour annotations, franco.... 1 »

    Le même décret sur format in-8o, franco...... » 50

DÉCRET DU 27 DÉCEMBRE 1886, portant création d'un corps spécial d'INTERPRÈTES DE RÉSERVE. — Br. in-8o de 12 pages, franco................................... » 25

PROGRAMME DU 7 MARS 1883 sur les connaissances exigées des LIEUTENANTS ET SOUS-LIEUTENANTS proposés spécialement pour les fonctions de TRÉSORIER et d'OFFICIER D'HABILLEMENT =.......................... » 25

PROGRAMME DU 15 MARS 1883 sur les connaissances exigées des SOUS-LIEUTENANTS, LIEUTENANTS ET CAPITAINES proposés pour l'AVANCEMENT (16 pages) =........ » 25

PROGRAMME DU 7 MARS 1883 sur les connaissances exigées des CAPITAINES proposés pour l'AVANCEMENT et présentés spécialement pour les fonctions de MAJOR. = » 25

INSTRUCTION DU 11 juin 1888, sur l'inspection générale des établissements du service des poudres et salpêtres, *franco* » 20

INSTRUCTION SPÉCIALE DU 31 MAI 1888, pour l'inspection des corps de cavalerie..................... *franco* » 55

INSTRUCTION DU 28 MARS 1888 sur les inspections générales. —Dispositions communes à toutes les armes, *franco* » 30

INSTRUCTION SPÉCIALE DU 8 MAI 1888 pour l'inspection générale des corps d'infanterie ............... *franco* » 35

INSTRUCTION DU 14 MAI 1888 pour les inspections générales des bureaux de recrutement et des sections de secrétaires d'état-major et du recrutement..... *franco* » 20

INSTRUCTION SPÉCIALE DU 14 MAI 1888 pour l'inspection générale du service de la Justice militaire.. *franco* » 25

NOTE MINISTÉRIELLE DU 15 MAI 1888, indiquant les instructions qui doivent être suivies en 1888 pour les inspections générales de gendarmerie........... *franco* » 15

INSTRUCTION SPÉCIALE pour les inspections générales du génie................................. *franco* » 50

## LIVRETS POUR TOUTES ARMES

LIVRET MATRICULE D'OFFICIER, modèle n° 1 X........ » 15

LIVRET MATRICULE DE L'HOMME DE TROUPE, modèle n° 2 X.................................... » 15

LIVRET MATRICULE DES CHEVAUX D'OFFICIERS, DE TROUPE ET MULETS DE BAT, modèle n° 3 X.............. » 15

LIVRET D'INFIRMERIE POUR CHEVAUX D'OFFICIERS, DE TROUPE ET MULETS DE BAT, modèle n° 4 X...... » 20

LIVRET INDIVIDUEL DE L'HOMME DE TROUPE, modèle n° 5 (nouveau) X.................................. » 30

LIVRET DE LA MASSE DE PRISON DES DÉTENUS X..... » 30

(Pour les Livrets d'infanterie, cavalerie et artillerie, voir aux chapitres spéciaux.)

# Infanterie de ligne, de la marine et génie.

AIDE-MÉMOIRE DE L'OFFICIER D'INFANTERIE EN CAMPAGNE. — Vol. de 294 pages, avec 5 planches, relié toile (2e édition).................................. 5 »

MÉMENTO PRATIQUE DU SERVICE DE L'OFFICIER D'INFANTERIE
EN CAMPAGNE, par un Officier d'infanterie. — Vol. in-18
de 104 pages, relié toile...................... 2 50

AIDE-MÉMOIRE DE L'OFFICIER DU GÉNIE EN CAMPAGNE (édition de 1886). — Vol. in-8º de 368 pages, relié toile
(2e édition) =.......................... 5 »

RÈGLEMENT SUR LES EXERCICES ET LES MANŒUVRES DE
L'INFANTERIE, mis en essai par décision ministérielle du
3 mai 1888.

    Titre I. Bases de l'instruction. — Titre II. Ecole du
        soldat. — Vol. in-32 de 226 pages, couverture par-
        cheminée ×.............. » 75 *franco* 0 90

    Titre III. Ecole de compagnie. — Vol. in-32 de 218 pages,
        couverture parcheminée ×..... 0 75 *franco* » 90

    Titre IV. Ecole de bataillon. — Vol. in-32 de 186 pages,
        couverture parcheminée ×..... » 75 *franco* » 90

    Titre V. Ecole de régiment. — Vol. in-32 de 104
        pages.................. × 0 60 *franco* 0 75

RÈGLEMENT DU 29 JUILLET 1884 SUR L'EXERCICE ET LES
MANŒUVRES DE L'INFANTERIE.

    Titre I : *Bases de l'instruction.* — Titre II : *Ecole du
soldat,* avec planches. — Vol. in-32, cartonné, de 192
pages (6e édition) ×.......................... » 75

    Titre III : *Ecole de compagnie.* — Vol. in-32, car-
tonné, de 132 pages (6e édition) ×.............. » 60

    Titre IV : *Ecole de bataillon.* — Vol. in-32, cartonné,
de 108 pages (4º édition) ×.................... » 60

    Titre V : *Ecole de régiment.* Application aux unités
plus fortes. Instruction pour les revues et les défilés. —
Vol. in-32 de 80 pages, avec 14 planches ×....... » 75

    Batteries et sonneries. — Vol in-32, cartonné, de
76 pages ×.................................. » 60

*Instruction pour le combat modifiant le règlement
du 29 juillet 1884.*

Fascicule nos 1 et 2 : *Exposé des principes* ×.... » 15
    —     nº 3 : Titre III, *Ecole de compagnie* ×  » 15
    —     nº 4 : Titre IV, *Ecole de bataillon* ×.  » 25
    —     nº 5 : Titre V, *Ecole de régiment* ×..  » 15

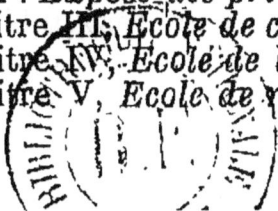

MODIFICATION A APPORTER AU RÈGLEMENT DU 29 JUILLET 1884, par suite de la mise en service du FUSIL MODÈLE 1884 et 1885.

*Règlement du 29 juillet 1884 sur l'exercice et les manœuvres de l'infanterie, contenant les modifications apportées par la mise en service des fusils modèles 1884-1885 et 1886, et par l'*Instruction sur le combat.

EXTRAIT DU DÉCRET DU 28 DÉCEMBRE 1883, portant règlement sur le SERVICE INTÉRIEUR DES TROUPES D'INFANTERIE, à l'usage des sous-officiers et caporaux. — Vol. in-32, cartonné, de 197 pages X.................... » 60

EXTRAIT, PAR DEMANDES ET PAR RÉPONSES, DU DÉCRET DU 23 OCTOBRE 1883, portant règlement sur le SERVICE DANS LES PLACES DE GUERRE ET LES VILLES DE GARNISON, à l'usage des sous-officiers et caporaux d'infanterie. — Vol. in-32, cartonné, de 104 pages X............. » 40

EXTRAIT, PAR DEMANDES ET PAR RÉPONSES, DU DÉCRET DU 26 OCTOBRE 1883, portant règlement sur le SERVICE DES ARMÉES EN CAMPAGNE, et de l'INSTRUCTION DU 9 MAI 1885 SUR CE MÊME SERVICE, à l'usage des sous-officiers et caporaux d'infanterie. — Vol. in-32 de 232 p. X.. » 75

MANUEL D'INFANTERIE A L'USAGE DES ÉLÈVES CAPORAUX ET ASPIRANTS SOUS-OFFICIERS des pelotons d'instruction, conforme au programme annexé à l'instruction du 19 novembre 1884. — 2 vol. solidement reliés en toile anglaise (4e édition).

TOME I. — Education morale du soldat. — Ecole du soldat, de l'escouade et de la demi-section. — Extrait du Manuel de gymnastique. — Extrait du service intérieur. — Extrait du service des places. — Fort vol. in-32 de 608 pages =.............................. 2 »

Tome II. — Ecole des guides. — Manœuvre du canon. — Obligations des réservistes et territoriaux. — Etude de la loi sur le rengagement des sous-officiers. — Travaux de campagne (outillage et fortification passagère). Topographie et lecture des cartes. — Service de l'infanterie en campagne. — Encaissement des armes à feu et des cartouches. — Fort vol in-32 de 640 pages =. 2 »

QUESTIONNAIRE COMPLET DES CONNAISSANCES NÉCESSAIRES AUX ÉLÈVES CAPORAUX DES PELOTONS D'INSTRUCTION, à l'usage des officiers, sous-officiers et caporaux instructeurs, des élèves caporaux et des engagés conditionnels, conforme au programme annexé à l'instruction du 19 novembre 1884 et aux dernières décisions ministérielles. — Vol. in-32, cartonné, de 120 pages (4e édition) =. » 75

GUIDE DE L'ÉLÈVE CAPORAL, conforme à la dernière ins-

truction ministérielle du 19 novembre 1884, sur l'org
nisation et le fonctionnement d'un peloton d'instructio
dans les corps de troupe d'infanterie. — Vol. in-18, ca
tonné, de 584 pages =............................ ´ 1 5

LES THÉORIES DANS LES CHAMBRES, par le commandan
Heumann, O ✠.

Premier volume : *Education militaire du soldat*. — Ch
pitre I<sup>er</sup> : La guerre. Nécessité des armées permaner
tes. — II. Comment l'on devient soldat. Devoirs d
réservistes. Organisation de l'armée. — III. Le Drapeau
La Croix de la Légion d'honneur. — IV. L'armée et l
patrie. Patriotisme. Honneur. — V. Des ruses d
guerre. — VI. Notions d'hygiène. — Appendice. L
convention de Genève. Traitement des prisonnier
Quelques renseignements sur les armées étrangères
Questionnaire. (4<sup>e</sup> éd.). In-32 de 160 p., relié toile =. » 7

Deuxième volume : *Instruction militaire* (en confo
mité avec les nouveaux règlements). Chapitre I<sup>er</sup>
Service intérieur. — II. Service des places. — II
Service en campagne. — IV. Embarquement en chemi
de fer. — V. Mobilisation. — VI. Renseignement
pour les troupes en campagne. — VII. Droit intern
tional en campagne. — VIII. Outils. Travaux de fort
fications (avec planches). — IX. Tir. — X. Progressio
des théories à faire. — XI. Questionnaire. (3<sup>e</sup> éd
tion). — Vol. in-32 de 302 pages, relié toile. =. 1

INSTRUCTION PRATIQUE DU SOLDAT ET DE LA COMPAGN
D'INFANTERIE, avec progressions et programmes détaillé
par C. Le Grand, capitaine adjudant-major au 71<sup>e</sup> d
ligne. — Vol. in-32 de 118 pages, cartonné =.... » 7

INSTRUCTION THÉORIQUE DU SOLDAT, ou théories dans le
chambres par demandes et réponses, par le même.
Vol. in-32 de 220 pages, cartonné =............ 1

MÉTHODE D'ENSEIGNEMENT POUR L'INSTRUCTION DU SOLDAT E
DE LA COMPAGNIE, conforme aux prescriptions des règl
ments des 23, 26 octobre, 28 décembre 1883 et 29 juillet 18
par J. Bailly, capitaine au 90<sup>e</sup> de ligne. — Vol. de 1
pages, avec plans et croquis.................. » 3
Relié toile.................................... »

EXTRAIT DE L'INSTRUCTION MINISTÉRIELLE DU 30 AOUT 1884, sur l'entretien des ARMES ET DES MUNITIONS. — Fusil d'infanterie modèle 1874 ou 1866-74 avec épée-baïonnette, revolver et armes blanches, munitions. — Br. in-32 de 64 pages =................................ » 30

RÈGLEMENT DU 1er MARS 1888 SUR L'INSTRUCTION DU TIR. — Vol. in-32 de 132 pages, couverture parcheminée ✕...................... » 60 *franco* 0 75

INSTRUCTION sur l'ARMEMENT, les MUNITIONS, les CHAMPS DE TIR et le MATÉRIEL D'INFANTERIE. — Vol. in-32 de 16 pages, cartonné ✕................. » 60, *franco* » 75

RÈGLEMENT SUR L'INSTRUCTION DU TIR, approuvé le 11 novembre 1882. — Vol. de 466 pages in-32, avec figures dans le texte et 20 planches hors texte ✕........ 2 75

EXTRAIT DU RÈGLEMENT DU 11 NOVEMBRE 1882 SUR L'INSTRUCTION DU TIR, à l'usage des sous-officiers et des caporaux, approuvé le 21 juillet 1883. — Vol. in-32 de 272 pages avec figures dans le texte et 4 planches hors texte ✕.............................. » 90

MODIFICATIONS APPORTÉES AU RÈGLEMENT DU 11 NOVEMBRE 1882 par suite de la mise en service des fusils modèles 1884 et 1885. — Vol. de 180 p., *franco* ✕ » 60

TIR INDIRECT, tables de tir (pentes, hausses, défilement) accompagnées des renseignements nécessaires pour le calcul des éléments du tir indirect et, en particulier, du tir plongeant ✕.............................. » 15

Les *mêmes*, collées sur toile et découpées en rectangles ✕................................ » 50

LES MUNITIONS DE L'INFANTERIE : Russie, Autriche, Angleterre, Italie. (Extrait de la *France militaire*.) — Vol. in-32 ✕............................. » 25

INSTRUCTION SUR LE SERVICE DE L'INFANTERIE EN CAMPAGNE, approuvée le 9 mai 1885. — Vol. in-32 de 212 pages, 14 grav., cart. (à jour jusqu'au mois d'août 1888). ✕ » 75

NOTIONS ÉLÉMENTAIRES DE FORTIFICATION PASSAGÈRE, à l'usage des volontaires d'un an (service de l'infanterie) ✕............................... » 25

INSTRUCTION DU 3 JANVIER 1883, relative aux attributions

POUR L'INFANTERIE, du 26 février 1877. — Vol. in-32 cartonné X.................................... » 25

INSTRUCTION DU 31 JANVIER 1884 POUR LES EXERCICES DE CADRES DE LA BRIGADE D'INFANTERIE. — Br. in-32, 16 pages X.................................... » 25

DÉCISION MINISTÉRIELLE modifiant la TENUE DES OFFICIERS ET ADJUDANTS D'INFANTERIE. — Vol. in-32 de 16 pages » 25

MODIFICATIONS A LA DÉCISION MINISTÉRIELLE DU 20 AOUT 1886, sur le KÉPI DE 1re TENUE de l'infanterie et des sections diverses. — Br. in-8o de 16 pages................ » 25

RÈGLEMENT DU 23 FÉVRIER 1883, sur le fonctionnement de la MASSE D'ENTRETIEN DU HARNACHEMENT ET FERRAGE dans les corps de troupe d'infanterie. — Br. de 8 pages X.................................... » 20

EXTRAITS DES RÈGLEMENTS ET INSTRUCTIONS SUR L'ADMINISTRATION, LES APPELS ET LA MOBILISATION DES RÉSERVISTES ET DISPONIBLES, à l'usage des troupes d'infanterie. — Vol. in-8o de 240 pages.................... 2 50

Le même volume pour les demandes collectives...... 2 »

LA TACTIQUE DE LA COMPAGNIE ET DU BATAILLON A L'ÉTRANGER ET EN FRANCE d'après les règlements de manœuvres. — Vol. in-8o de 118 pages................ 2 »

LA TACTIQUE DE L'INFANTERIE FRANÇAISE EN 1887. (Extrait de la Revue d'Infanterie). — Br. in-8o de 32 pages. » 60

RÈGLEMENT DU 1er SEPTEMBRE 1888 SUR LES MANŒUVRES DE L'INFANTERIE (ALLEMAGNE). — Vol. in-32 de 160 pages, relié toile anglaise. ....................... 2 »

INSTRCTION DE LA COMPAGNIE DANS LE SERVICE EN CAMPAGNE, par le capitaine baron Ernest Wirbach, traduit de l'allemand par le lieutenant D. Jung, attaché au ministère de la guerre. — Vol. in-8o de 276 pages.......... 4 »

CONSEILS PRATIQUES SUR LE PERFECTIONNEMENT DE L'INFANTERIE DANS LE SERVICE DE CAMPAGNE, pour officiers et sous-officiers, traduit de l'allemand par le major Waver, de l'armée belge. — Br. de 54 pages............ 1 50

GUIDE DU SOUS-OFFICIER ET DU CAPORAL D'INFANTERIE sur la place d'exercice, en terrain varié et sur le champ de bataille. Manuel rédigé en vue de répondre aux questions ci-après des programmes annexés à la circulaire du 3 septembre 1882, savoir : 1o Principes de discipline et d'éducation morale; — 2º Ecole des guides à l'école de compagnie et à l'école de bataillon; — 3º Fonctions des caporaux dans la colonne de route; — 4º Place et fonctions des caporaux et sous-officiers dans les revues et défilés; — 5º Rôle et devoirs des caporaux et sous-officiers dans le combat en ordre dispersé (2º partie de l'école de compagnie). — Vol. in-32 de 128 pages (2e édition) broché.................................................. » 35

Richement relié toile............................... » 60

LES OUTILS DU PIONNIER D'INFANTERIE, d'après l'instruction ministérielle du 8 août 1880, complétée et rectifiée à l'aide des documents officiels les plus récents. — 25 figures intercalées dans le texte. — Vol. in-32 de 84 pages, broché.............................................. » 35

Richement relié toile............................... » 60

LES CARTOUCHES ET LE CAISSON D'INFANTERIE, avec figures dans le texte. — Volume in-32 de 100 pages, broché. » 35

Richement relié toile............................... » 60

ÉCOLE DES TAMBOURS, CLAIRONS, MUSICIENS ET SAPEURS. — Br. in-32 de 48 pages ✕............................. » 60

SONNERIES ET MARCHES DU RÈGLEMENT DU 29 JUILLET 188 , sur l'exercice et les manœuvres de l'infanterie, avec paroles du capitaine du Fresnel. — Vol. de 96 pages.

Broché.............................................. » 35

Relié............................................... » 60

Abonnement d'un an à la REVUE D'INFANTERIE, publication périodique, 96 pages in-8º.

France......................................... 20 »

Colonies et étranger............................ 25 »

## LIVRETS

(Riche reliure en toile gaufrée avec barrette *déposée*.) — (Le nombre de feuillets peut être augmenté ou diminué.)

LIVRET DE L'OFFICIER DE PELOTON (28 décembre 1883), contenant 150 feuillets imprimés ✕.................. 3 »

LIVRET D'ADJUDANT, contenant 170 feuillets ✕........ 3 »

LIVRET D'ADJUDANT contenant 350 feuillets (peut en contenir 500) ✕.......................................... 5 »

LIVRET DU SERGENT DE SECTION, contenant 92 feuill. ✕   2 50
*Feuillets mobiles séparés* (indiquer l'espèce), le cent. ✕   1 25
*Couvertures* ✕ ......................................................... » 50
*Barrettes en cuivre* ✕ ............................................... » 50
LIVRET DE CAPORAL D'ESCOUADE, cartonné, contenant 36
    pages ✕ ........................................................ » 40
CONTROLE PAR RANG DE TAILLE, intérieur peau d'âne ✕   » 60

    (Les livrets pour l'infanterie de marine et le génie
         sont aux mêmes prix.

# Cavalerie.

DÉCRET DU 31 MAI 1882, portant règlement sur les EXER-
    CICES DE LA CAVALERIE, revisant et complétant le dé-
    cret du 17 juillet 1876. — 2 vol. in-32, avec figures dans
    le texte :
        Tome premier. — *Rapports. Titres I et II*, 368 pages;
    cartonné ✕ .................................................. 1 50
        Tome second. — *Titres III et IV*, 290 pages; car-
    tonné ✕ ...................................................... 1 50
INSTRUCTION PRATIQUE SUR LE SERVICE DE LA CAVALERIE
    EN CAMPAGNE, approuvée par le Ministre de la guerre, le
    10 juillet 1884. — Vol. in-32 cartonné, de 296 pages,
    (5e édition modifiée) ✕ ...................................... 1 »
MODIFICATION A L'INSTRUCTION DU 10 JUILLET 1884, SUR
    LE SERVICE DE LA CAVALERIE EN CAMPAGNE. — Fasci-
    cule in-32 de 16 pages ✕ .................................... » 25
INSTRUCTION SUR LES MANŒUVRES DE BRIGADE AVEC CA-
    DRES, POUR LA CAVALERIE, du 24 juin 1877. — Vol.
    in-32 broché ✕ .............................................. » 25
INSTRUCTION SUR LE SERVICE DE LA CAVALERIE ÉCLAIRANT
    UNE ARMÉE, approuvée par le Ministre de la guerre, le
    27 juin 1876. — Vol. in-32 broché ✕ ...................... » 20
DÉCRET DU 28 DÉCEMBRE 1883, portant règlement sur le

L'ARMÉE FRANÇAISE EN 1884 ET LE GÉNÉRAL DE GALLIFET, par un officier hollandais. — Br. in-8°.......... 1 »

LA CAVALERIE DE SECONDE LIGNE EN FRANCE ET A L'ÉTRAN-GER, appels et périodes d'instruction, par Romuald Brunet. — Vol. de 96 pages...................... » 35

     Richement relié toile...................... » 60

PASSAGE DES COURS D'EAU A LA NAGE PAR LA CAVALERIE. — Vol. de 64 pages, avec carte et figures........ » 35

     Relié toile...................... » 60

LA CAVALERIE FRANÇAISE EN 1884, par Ubiez. — Riche vol. in-18 de 296 pages, édition de luxe (1886)........ 3 »

LA CAVALERIE DES ANCIENS ET LA CAVALERIE D'AUJOURD'HUI. — Vol in-18 de 116 pages .................... 2 50

A TRAVERS LA CAVALERIE. Organisation, mobilisation, instruction, administration, remontes, tactique. — Vol. grand in-8°, imprimé sur papier japon.......... 6 »

ORGANISATION ET ROLE DE LA CAVALERIE FRANÇAISE PENDANT LES GUERRES DE 1800 A 1815. — Vol. in-8° de 104 pages.................................... 2 50

## LIVRETS

(Riche reliure en toile gaufrée avec barrette *déposée*.

LIVRET DE L'OFFICIER DE PELOTON (28 décembre 1883), contenant 150 feuillets imprimés ✕.................. 2 75

LIVRET D'ADJUDANT ✕...................... 2 75

LIVRET DU SOUS-OFFICIER DE PELOTON, contenant 150 feuillets ✕...................... 2 75

*Feuillets mobiles séparés* (indiquer l'espèce); le cent ✕. 1 25

(Le nombre des feuillets peut être augmenté ou diminué.)

*Couvertures*.................................... ✕ » 50

*Barrettes en cuivre*.......................... ✕ » 50

# Artillerie

EXTRAIT DU RÈGLEMENT SUR LE SERVICE ET L'ENTRETIEN DU HARNACHEMENT DE L'ARTILLERIE ET DES ÉQUIPAGES MILITAIRES dans les corps de troupe et dans les établissements (11 juin 1883). — Vol. de 16 pages......... » 40

INSTRUCTION SUR L'EMPLOI DE L'ARTILLERIE DANS LE COMBAT, approuvée le 1er mai 1887. — Br. in-32 de 86 p. X .... 50

MODIFICATIONS AUX BASES GÉNÉRALES DE L'INSTRUCTION DES CORPS DE TROUPES DE L'ARTILLERIE, note approuvée le 26 mai 1888. — Brochure in-32 de 46 pages.... » 40

TRAITÉ THÉORIQUE ÉLÉMENTAIRE DE TIR, par le capitaine C. Pilate, du 25e d'artillerie. — Vol. in-32 cartonné de 152 pages ═.................................................. 1 »

DÉCRET DU 28 DÉCEMBRE 1883, portant règlement sur le SERVICE INTÉRIEUR DES TROUPES DE L'ARTILLERIE ET DU TRAIN DES ÉQUIPAGES MILITAIRES. — Vol. in-32 cartonné de 420 pages (à jour jusqu'au mois d'août 1888) X 1.50

MODIFICATIONS AU SERVICE INTÉRIEUR. — Fascicule de 68 pages, imprimées d'un côté seulement X ...... 0 25

EXTRAITS DES DÉCRETS DES 23 OCTOBRE ET 28 DÉCEMBRE 1883, portant règlement sur le SERVICE DANS LES PLACES DE GUERRE ET LES VILLES DE GARNISON, et sur le SER- VICE INTÉRIEUR DES TROUPES DE L'ARTILLERIE ET DU TRAIN DES ÉQUIPAGES MILITAIRES, mis à jour jusqu'au mois d'août 1888. — Vol. in-32 cartonné de 288 pages X.................................................. 1 »

APPENDICE AUX BASES GÉNÉRALES DE L'INSTRUCTION DES CORPS DE TROUPE DE L'ARTILLERIE, approuvé par le Ministre de la guerre le 27 septembre 1883. — Br. in-32 de 32 pages X.............................................. » 30

INSTRUCTION PROVISOIRE SUR LE SERVICE DE L'ARTILLERIE EN CAMPAGNE, approuvée par le Ministre de la guerre le 10 avril 1876. — Br. in-32 X.......................... » 30

INSTRUCTION SUR LE SERVICE DE L'ARTILLERIE DANS UN SIÈGE, approuvée par le Ministre de la guerre le 17 mai 1876. — Br. in-32 de 72 pages X...................... » 50

INSTRUCTION SUR L'EMPLOI DU CANON A BALLES DANS LES CASEMATES POUR LE FLANQUEMENT DES FOSSÉS, approuvée le 22 juillet (fascicule de 24 pages in-32) X...... » 30

INSTRUCTION PROVISOIRE SUR LA FORMATION DES POINTEURS DANS LES CORPS DE TROUPE DE L'ARTILLERIE (2e édi- tion) X............................................ » 50

INSTRUCTION SUR LE SERVICE DE LA CARABINE MODÈLE 1874, POUR LES TROUPES D'ARTILLERIE ET DU TRAIN DES ÉQUI- PAGES MILITAIRES, approuvée le 24 mars 1876. — Vol. in-32, broché X.................................... » 20

NSTRUCTION SUR LE SERVICE DU MOUSQUETON MODÈLE 1874, POUR LES TROUPES DE L'ARTILLERIE, approuvée par le Ministre de la guerre le 24 mars 1876. — Vol. in-32 de 32 pages ✕ ................................. » 20

XTRAIT DE L'INSTRUCTION MINISTÉRIELLE DU 30 AOUT 1884, SUR L'ENTRETIEN DES ARMES ET DES MUNITIONS. — Mousqueton avec sabre-baïonnette, revolver et armes blanches, munitions. — Br. in-32 de 48 pages ✕ ..... » 25

ANUEL A L'USAGE DES OFFICIERS D'ARTILLERIE DE LA RÉSERVE ET DE L'ARMÉE TERRITORIALE. *Construction des batteries.* — Vol. in-32, 95 pages et 4 planches ✕. » 50

ANUEL A L'USAGE DES OFFICIERS D'ARTILLERIE DE LA RÉSERVE ET DE L'ARMÉE TERRITORIALE. *Batteries de 5, de 7 et de 95 millimètres de campagne.* — Vol. in-18 de 168 pages ✕ ................................. » 75

ÈGLEMENT SUR L'INSTRUCTION A PIED DANS LES CORPS DE TROUPE DE L'ARTILLERIE, approuvé par le Ministre de la guerre le 25 novembre 1885. — Vol. in-32 ✕ ..... » 75

XTRAIT DU RÈGLEMENT SUR L'INSTRUCTION A PIED DANS LES CORPS DE TROUPE DE L'ARTILLERIE, approuvé par le Ministre de la guerre le 25 novembre 1885. — Vol. in-32 ✕ ................................. » 75

ÈGLEMENT SUR L'INSTRUCTION A CHEVAL DANS LES CORPS DE TROUPE DE L'ARTILLERIE, approuvé le 20 décembre 1884. — Vol. in-32 de 204 pages, figures et tableaux; cartonné (1889) ✕ ................................. » 75

ÈGLEMENT SUR L'ORGANISATION DES PELOTONS D'INSTRUCTION DANS LES CORPS DE TROUPE DE L'ARTILLERIE, approuvé par le Ministre de la guerre le 17 juillet 1876. — Vol. in-32, broché ✕ ................................. » 20

DDITION AU TITRE III. — *Règlement provisoire sur le service du mortier de 220 millimètres,* approuvé par le Ministre de la guerre le 7 mai 1881. — Br. in-32 ✕ » 50

DDITION AU TITRE III. — *Règlement sur le service des bouches à feu de petit calibre montées sur affûts de siège et de place,* approuvé le 21 juillet 1883. — Vol. cartonné de 96 pages ✕ ................................. » 50

DDITION AU TITRE III. — *Règlement provisoire sur le service des canons de 120 et de 155 millimètres, montés sur*

*affût de siège muni du frein hydraulique*, approuvé par
le Ministre de la guerre le 25 septembre 1885. — Vol.
cartonné de 116 pages ×...................................... » 60

ADDITION AU TITRE IV. — *Règlement sur le service du
canon-revolver*, approuvé le 9 septembre 1883. — Vol.
de 48 pages ×............................................... » 30

ADDITION AU TITRE V, approuvée le 15 août 1875. — *Canon
de 16 et obusier de 22.* — Vol. in-32 de 160 pages, cartonné ×.................................................... 1  »

ADDITION AU TITRE V, approuvée le 21 mai 1880. — *Canon
de 19 et de 24 centimètres, rayé en fonte, tubé et fretté,
monté sur affût de côte en fonte.* — Vol. in-32 de 144
pages, cartonné ×.......................................... 1  »

ADDITION AU TITRE V. — *Règlement sur le service de l'o-
busier de 22 centimètres en fonte, rayé, fretté, monté sur
un affût de côte en fonte et chassis en fonte à pivot cen-
tral*, approuvé par le Ministre de la guerre le 25 août
1885. — Vol. in-32 de 64 pages ×.......................... » 50

ADDITION AU TITRE VII. — *Instruction sur les manœuvres
de la chèvre de place n° 1 (modèle 1875)*, approuvée par
le Ministre de la guerre le 18 septembre 1876. — Br.
in-32 ×.................................................... » 75

ADDITION AU TITRE VII. — *Instruction sur les manœuvres
de la chèvre de place n° 2 (modèle 1875), la manœuvre
du cabestan de carrier et l'emploi des chariots à canon
n° 1 et n° 2*, approuvée par le Ministre de la guerre le
31 mai 1879. — Renseignements sommaires sur les mouvements du matériel relatifs au canon de 24 millimètres.
— Br. in-32, 64 pages ×................................... » 50

INSTRUCTION SUR LES MANŒUVRES DE LA CHÈVRE DE PLACE
N° 3 (modèle 1875) approuvée le 14 juin 1888. — Brochure in-32 de 32 pages. ................................. » 20

RÈGLEMENT SUR LE SERVICE DES BOUCHES A FEU. — Titre
Ier. — *Service des bouches à feu de campagne*, approuvé
par le Ministre de la guerre, le 19 février 1875 :

1re partie : *Service des bouches à feu de campagne se
chargeant par la culasse, canons de 5 et de 7.* — Vol.
in-32 de 168 pages ×...................................... » 75

2e partie : *Service du canon à balles.* — Vol. in-32,
128 pages ×............................................... » 75

RÈGLEMENT PROVISOIRE SUR LE SERVICE DES CANONS DE 80 ET DE 90 MILLIMÈTRES, approuvé le 2 avril 1878. — Vol. de 112 pages in-32 X.................... » 50

RÈGLEMENT PROVISOIRE SUR LE SERVICE DU CANON DE 95 MILLIMÈTRES MONTÉ SUR AFFUT DE CAMPAGNE, approuvé le 20 mai 1878. — Vol. de 112 pages in-32 X..... » 60

RÈGLEMENT PROVISOIRE SUR LE SERVICE DES CANONS DE 80, DE 90 ET DE 95 MILLIMÈTRES, 2º partie, approuvé le 18 novembre 1878. — Vol. in-32 de 440 pages X.. 3 »

ADDITION AU RÈGLEMENT SUR LE SERVICE DES CANONS DE CAMPAGNE : *Batterie de 90 organisée avec des coffres modèle de 1880*, approuvée le 20 juillet 1883. — Vol. in-32 cartonné de 144 pages X.................... » 75

RÈGLEMENT SUR LE SERVICE DE L'ARTILLERIE DE MONTAGNE. — Vol. in-32 de 232 pages X.............. 1 50

RÈGLEMENT SUR LE SERVICE DES BATTERIES DE 80 DE MONTAGNE, approuvé le 22 mars 1882. — Nouvelle édition in-32 de 249 pages X.................... » 75

INSTRUCTION DU 14 FÉVRIER 1887 SUR LES FORMATIONS EN BATAILLE ET EN MARCHE DES SECTIONS DE MUNITIONS ET DES SECTIONS DE PARC. — Br. in-32 de 28 pages X » 30

EXTRAIT DU RÈGLEMENT SUR LES MANŒUVRES DES BATTERIES ATTELÉES, approuvé le 11 août 1882. — Vol. in-32 de 285 pages, avec figures X.................... 1 »

INSTRUCTION SUR LE REMPLACEMENT DES MUNITIONS EN CAMPAGNE. — Br. in-32 X.................... » 30

INSTRUCTION PROVISOIRE POUR LA PRÉPARATION DES TROUPES D'ARTILLERIE A L'EXÉCUTION DU TIR INDIRECT DANS LES PLACES, approuvée le 24 janvier 1885. — Vol. in-32 cartonné de 64 pages X.................... » 60

DÉCRET DU 4 NOVEMBRE 1886, portant réorganisation et programme pour l'ÉCOLE D'ARTILLERIE ET DU GÉNIE X.................... » 50

COURS SPÉCIAL A L'USAGE DES SOUS-OFFICIERS D'ARTILLERIE approuvé par le Ministre de la guerre le 20 juillet 1881, nouvelle édition mise à jour jusqu'en 1888. — Volume in-8º de 252 pages X.................... 3 »

MANUEL DU SOUS-OFFICIER D'ARTILLERIE. — Vol. in-32 de
  112 pages, cartonné............................... 1 »

PROGRAMME DES COURS PRÉPARATOIRES PROFESSÉS DANS
  LES ÉCOLES RÉGIMENTAIRES DE L'ARTILLERIE ET DU TRAIN
  DES ÉQUIPAGES MILITAIRES (du 7 janvier 1887). — Br.
  in-8o de 16 pages ×..................... franco » 50

RÈGLEMENT DU 1er SEPTEMBRE 1888 sur le service des écoles
  régimentaires des corps de troupe de l'artillerie et des
  équipages militaires. — Br. in-8 de 24 p., franco.. » 35

TARIFS ET DEVIS DES OBJETS COMPOSANT LE HARNACHEMENT
  DES CHEVAUX DE L'ARTILLERIE ET DU TRAIN DES ÉQUIPA-
  GES (5 janvier 1887). — Br. in-8o de 80 pages franco » 85

HISTORIQUE SUCCINCT DE L'ARTILLERIE AU TONKIN PENDANT
  LES ANNÉES 1883 ET 1884, par L. Humbert, chef d'escadron d'artillerie de la marine, breveté d'état-major. —
  2 vol. brochés.................................. » 70
     Richement reliés toile........................ 1 20

## LIVRETS

(Riche reliure en toile gaufrée avec barrette déposée.)

LIVRET DE L'OFFICIER DE DEMI-BATTERIE (28 décembre 1883),
  contenant 200 feuillets imprimés ×............... 2 75

LIVRET DE L'ADJUDANT, contenant 200 feuillets ×..... 2 75

LIVRET DE MARÉCHAL DES LOGIS, contenant 89 feuillets ×,....................................... 2 25

*Feuillets mobiles séparés* (indiquer l'espèce), le cent ×. 1 25

(Le nombre des feuillets peut être augmenté ou diminué.)

*Couvertures* ×................................. » 50
*Barrettes en cuivre* ×.......................... » 50

# Train des équipages

MODIFICATIONS AU SERVICE INTÉRIEUR. — Fascicule de 68
  pages, imprimées d'un côté seulement ×........... 0 25

DÉCRET DU 28 DÉCEMBRE 1883, portant règlement sur l
  SERVICE INTÉRIEUR DES TROUPES DE L'ARTILLERIE ET D

TRAIN DES ÉQUIPAGES MILITAIRES. — Vol. in-32 cartonné de 420 pages (à jour jusqu'au mois d'août 1888) X. 1 50.

EXTRAITS DES DÉCRETS DES 23 OCTOBRE ET 28 DÉCEMBRE 1883, portant règlement sur le SERVICE DANS LES PLACES DE GUERRE ET LES VILLES DE GARNISON, et sur le SERVICE INTÉRIEUR DES TROUPES DE L'ARTILLERIE ET DU TRAIN DES ÉQUIPAGES MILITAIRES. — Vol. in-32 cartonné de 288 pages (à jour jusqu'au mois d'août 1888) X. 1 »

RÈGLEMENT SUR L'INSTRUCTION A PIED DANS LES ESCADRONS DU TRAIN DES ÉQUIPAGES MILITAIRES, approuvé le 11 juillet 1886. — Vol. in-32 de 188 pages, cartonné X................................................. » 75

RÈGLEMENT SUR L'INSTRUCTION A CHEVAL DANS LES ESCADRONS DU TRAIN DES ÉQUIPAGES MILITAIRES, approuvé le 31 janvier 1877. — Vol. in-32 de 170 pages X..... » 75

INSTRUCTION SUR LA CONDUITE DES VOITURES EN GUIDES POUR LES TROUPES DU TRAIN DES ÉQUIPAGES MILITAIRES, approuvée le 6 février 1875. — Vol. in-32 de 64 p. X » 40

RÈGLEMENT SUR LA CONDUITE DES VOITURES ET MULETS DE BAT POUR LES TROUPES DU TRAIN DES ÉQUIPAGES MILITAIRES, approuvé le 21 juillet 1883. — Vol. de 493 pages avec nombreuses figures dans le texte X......... 2 »

RÈGLEMENT SUR L'ORGANISATION DES PELOTONS D'INSTRUCTION DANS LE CORPS DU TRAIN DES ÉQUIPAGES, approuvé par le Ministre de la guerre le 17 juillet 1876. — Vol. in-32 broché X................................. » 20

INSTRUCTION SUR LE SERVICE DE LA CARABINE MODÈLE 1874, POUR LES TROUPES D'ARTILLERIE ET DU TRAIN DES ÉQUIPAGES MILITAIRES, approuvée par le Ministre de la guerre le 24 mars 1876. — Vol. in-32, broché. X....... » 20

EXTRAIT DE L'INSTRUCTION MINISTÉRIELLE DU 30 AOUT 1884, SUR L'ENTRETIEN DES ARMES ET DES MUNITIONS. — Carabine de cavalerie avec baïonnette et carabine de gendarmerie avec sabre-baïonnette, revolver et armes blanches, munitions. — Br. in-32 de 64 pages X...... » 30

EXTRAIT DE L'INSTRUCTION MINISTÉRIELLE DU 30 AOUT 1884 SUR L'ENTRETIEN DES ARMES ET DES MUNITIONS. — Mous-

3

queton avec sabre-baïonnette, revolver et armes blanches, munitions. — Br. in-32 de 48 pages. ✕ ....... » 25

RÈGLEMENT DU 1er SEPTEMBRE 1888 sur le service des écoles régimentaires des corps de troupe de l'artillerie et des équipages militaires. — Br. in-8 de 24 p., franco.. » 35

TARIFS ET DEVIS DES OBJETS COMPOSANT LE HARNACHEMENT DES CHEVAUX DE L'ARTILLERIE ET DU TRAIN DES ÉQUIPAGES (5 janvier 1887). — Br. de 80 pages, franco . » 85

## LIVRETS

(Riche reliure en toile gaufrée avec barrette déposée.)

LIVRET DE L'OFFICIER DE DEMI-COMPAGNIE (28 décembre 1863), contenant 200 feuillets imprimés ✕ ....... 2 75

LIVRET DE L'ADJUDANT, contenant 200 feuillets ✕ ..... 2 75

LIVRET DU MARÉCHAL DES LOGIS, contenant 89 feuillets ✕ 2 25

*Feuillets mobiles séparés* (indiquer l'espèce); le cent ✕. 1 25

(Le nombre de feuillets peut être augmenté ou diminué.)

*Couvertures* ✕............................................ » 50

*Barrettes en cuivre* ✕...................................... » 50

---

# Justice militaire et Gendarmerie

*Abonnement d'un an* à L'ECHO DE LA GENDARMERIE NATIONALE, avec l'*Annuaire*. France, Corse, Algérie et Tunisie. 6 50

   Colonies et étranger................................... 8 »

NOUVEAUX CODES FRANÇAIS ET LOIS USUELLES CIVILES ET MILITAIRES. Recueil spécialement destiné à la gendarmerie et à l'armée. — Relié toile anglaise....... 5 »

LES CODES FRANÇAIS à jour jusqu'en 1872 seulement et d'une édition inférieure.................................... 2 »

CODE-MANUEL DE JUSTICE MILITAIRE POUR L'ARMÉE DE TERRE, suivi d'une instruction pour la tenue de l'audience par le président, d'un extrait des Codes d'instruction criminelle et pénal; d'un recueil des lois, décrets et circulaires ministérielles, des divers modèles d'actes et procès-verbaux judiciaires. — Fort vol. de 384 pages, relié ............................................... 2 »

LA POLICE JUDICIAIRE MILITAIRE EN TEMPS DE PAIX ET EN TEMPS DE GUERRE, par Emile Loyer, chef d'escadron de gendarmerie. — Vol. in-32 de 224 pages.......... 1 50

GUIDE DES RAPPORTEURS PRÈS LES CONSEILS DE GUERRE PERMANENTS EN TEMPS DE PAIX, par Aug. Cusin et Dechenne. — Fort vol. in-8º de 180 pages................. 4 »

LOI DU 3 MAI 1844 SUR LA POLICE DE LA CHASSE, modifiée par la loi du 22 janvier 1874, annotée et commentée par M. Bertrand, procureur de la République, à l'usage de la gendarmerie .................................... » 30

LOI SUR LA PÊCHE FLUVIALE, annotée et commentée par M. Bertrand, procureur de la République, à l'usage de la gendarmerie .................................... » 50

LOI SUR LA POLICE DU ROULAGE ET DES MESSAGERIES PUBLIQUES, commentée et annotée par M. Bertrand, procureur de la République, à l'usage de la gendarmerie.... » 30

EXTRAIT DU DÉCRET DU 10 AOUT 1852 SUR LA POLICE DU ROULAGE (notice destinée à être placardée à l'intérieur des voitures publiques)............................ » 05

DÉCRET DU 3 NOVEMBRE 1855 SUR LA POLICE DU ROULAGE ET DES MESSAGERIES PUBLIQUES EN ALGÉRIE, suivi d'un arrêté ministériel daté du même jour, annotés et commentés, à l'usage de la gendarmerie................. » 40

DU DROIT DES FONCTIONNAIRES PUBLICS DE REQUÉRIR LA GENDARMERIE ET LA TROUPE. — Vol. in-32, broché.... » 10

INSTRUCTION SUR LA POLICE DES CAFÉS, CABARETS, AUBERGES ET AUTRES LIEUX PUBLICS avec la jurisprudence de la Cour de cassation sur tous les cas particuliers. — Br. in-32 de 48 pages......................... » 35

INSTRUCTION SUR LA POLICE DES CHIENS. Application des règlements de police dans les campagnes, dans les villes, à Paris et dans les communes du ressort de la préfecture de police............................ » 25

LOI DU 23 JANVIER 1873 SUR L'IVRESSE PUBLIQUE, annotée et commentée ............................................. » 25

**Loi tendant a réprimer l'ivresse publique et a combattre les progrès de l'alcoolisme**, promulguée le 3 février 1873, en feuille........................ » 15

**Loi du 18 avril 1886 sur l'espionnage**, en placard.. » 15

**Loi sur la police sanitaire des animaux**, promulguée le 22 juin 1882.......................... » 20

**Lois, décrets, circulaires** réglementant la fabrication, l'emploi et le transport de la dynamite et du coton-poudre. — Vol. in-8º de 84 pages............... 1 »

**Dictionnaire des connaissances générales utiles a la gendarmerie**, par L. Amade, chef de légion, et, pour la partie administrative, par E. Corsin, capitaine à la garde républicaine. — Fort vol. in-8º, broché, de 800 pages (6e édition)........................ 5 »

　Relié toile anglaise.................... 6 »

**Guide formulaire de la gendarmerie** dans l'exercice de ses fonctions de police judiciaire, civile et militaire, par Etienne Meynieux, docteur en droit. — Vol. in-8º de 540 pages, broché.................. 6 »

**Carnet-guide du gendarme**, revu, augmenté et mis à jour, (5e édition, 1888), volume entièrement modifié, d'un format commode, facile à mettre dans la poche, recouvert élégamment en toile dorée................ 1 25

**Nouveau Vade-mecum de la gendarmerie**, par M. le lieutenant Berthet, commandant d'arrondissement. — Joli vol. in-32 de 130 pages, relié en toile anglaise........ 1 25

**Annuaire spécial de l'arme de la gendarmerie**, pour 1888 — Br. in-8º de 254 pages....................... 2 »

**Almanach de la gendarmerie** pour 1889. — Br. in-32 de 216 pages.......................... » 60

**Prévôté aux armées.** — Extrait des circulaires des 19 et 25 octobre 1887. — In-32 de 64 pages, relié toile.. » 60

**Décret du 19 octobre 1887 sur la comptabilité des prévôtés en campagne.** —Br. de 76 pages avec modèles et tableaux........................*franco* » 70

**Instruction du 25 octobre 1887 sur le service prévôtal de la gendarmerie aux armées.** — Br. in-8º de 188 pages.........................*franco* 1 50

LA PRÉVÔTÉ EN CAMPAGNE, *Aide-mémoire*, par M. L. Amade, lieutenant-colonel, commandant la 11e légion. — Vol. in-32 de 232 pages, honoré d'une souscription des Ministres de la guerre et de la marine (2e édition).

Broché ........................................ 1 30
Cartonné...................................... 1 60
Relié toile, avec poche, coulisseau à crayon.... 2 25

EXTRAIT A L'USAGE DES BRIGADES DE GENDARMERIE DE L'INSTRUCTION DU 28 DÉCEMBRE 1879 (édition refondue), *sur l'administration des hommes de tout grade de la disponibilité, de la réserve et de l'armée territoriale dans leurs foyers.* — Vol. in-8º de 230 pages ............ 2 »

INSTRUCTION SUR L'ADMINISTRATION DES GENDARMES RÉSERVISTES ET TERRITORIAUX DANS LEURS FOYERS (circulaire ministérielle du 1er février 1884). — Br. in-32...... » 25

DEVOIRS DE LA GENDARMERIE, en ce qui concerne les HOMMES ASTREINTS AU SERVICE MILITAIRE. (Chapitre Ier de l'instruction du 20 décembre 1880, mis à jour jusqu'au 5 octobre 1888.) — Vol. in-18, relié toile............. 1 »

MANUEL DU GENDARME, pour servir à la rédaction des procès-verbaux, indispensable à tous les sous-officiers, brigadiers et gendarmes soucieux de bien remplir leur mission (10e édition). — Beau petit vol. in-32 de 100 pages, richement relié en toile gaufrée................. » 80

MODÈLES D'ANALYSES DE PROCÈS-VERBAUX, pouvant s'appliquer à tous les cas qui se rencontrent dans la gendarmerie. — Br. in-18 ............................. » 30

CARNET DE POCHE à l'usage des commandants de brigade et des gendarmes, pour servir à l'INSCRIPTION DES SIGNALEMENTS, MANDATS DE JUSTICE ET ORDRES DE RECHERCHE, avec table alphabétique, papier blanc réservé pour notes, relié toile avec coulisseaux.

De 130 feuillets.............................. 1 50
De 236 feuillets.............................. 2 50

RÉSUMÉ MÉTHODIQUE DES PIÈCES A FOURNIR PAR LES COMMANDANTS DE BRIGADE, en ce qui concerne le RECRUTEMENT, les MILITAIRES EN CONGÉ, EN PERMISSION OU A L'HOPITAL, revu et annoté par le commandant P. T. — Br. in-18.................................... » 50

INSTRUCTION MINISTÉRIELLE DU 15 JANVIER 1874, SUR LA NO-
MENCLATURE, LE DÉMONTAGE, LE REMONTAGE ET L'ENTRE-
TIEN DU REVOLVER MODÈLE 1873. — Br. in-32...... » 30
    En placard............................................ » 15
EXTRAIT DE L'INSTRUCTION MINISTÉRIELLE DU 30 AOUT 1884,
SUR L'ENTRETIEN DES ARMES ET DES MUNITIONS. — Cara-
bine de cavalerie avec baïonnette et carabine de gendar-
merie avec sabre-baïonnette, revolver et armes blanches,
munitions. — Br. in-32 de 64 pages............... » 30
INSTRUCTION SUR L'ENTRETIEN DE LA CARABINE MODÈLE
1866-67 (en placard)................................ » 20
NOMENCLATURE DE LA CARABINE MODÈLE 1866-74 (en pla-
card)................................................ » 15
INSTRUCTION SUR LES CONDITIONS D'ADMISSION DANS LA
GENDARMERIE DES OFFICIERS ET DES SOUS-OFFICIERS DE
L'ARMÉE, et programmes des examens à subir.... » 25
LA GENDARMERIE DE DEMAIN ou *la Gendarmerie après la
nouvelle loi militaire*. — Pr. in-18 de 72 pages =. 1 »
ESQUISSE HISTORIQUE DE LA GENDARMERIE FRANÇAISE, par
H. Delattre :

Aux gendarmes. — Origines. — Organisations et dénominations diverses. — Service particulier de la cour : Prévôté de l'hôtel ; Compagnie des voyages et chasses du roi et gendarmerie forestière ; Gendarmerie d'élite ; Gendarmerie de la garde impériale sous Napoléon III. — Service spécial de la ville de Paris : Guet royal ; Garde de l'hôtel de ville ; Compagnie de robe courte et du Châtelet ; Prévôté générale des monnaies ; Garde de Paris ; Gardes des îles, ports et quais ; Gardes de Bicêtre et de la Salpétrière ; Gendarmerie des tribunaux ; Grenadiers-gendarmes ; Divisions de la gendarmerie nationale parisienne ; Légion de police générale ; Garde municipale de Paris ; Gendarmerie impériale de Paris ; Gendarmerie royale de Paris ; Garde républicaine. — Service de la province et des armées : Compagnie de la connétablie ; Compagnie de maréchaussée de l'Ile-de-France ; Compagnies de maréchaussée des diverses provinces et généralités ; Divisions et légions de gendarmerie des départements ; Divisions d'après le titre VII de la loi du 16 février 1791. — Inspections : Gendarmerie de l'armée d'Espagne ; Archers de la marine ; Gendarmerie maritime ; Gendarmerie coloniale ; Voltigeurs corses ; Compagnies sédentaires ou vétérans de la Gendarmerie ; Gendarmerie mobile ; Régiments provisoires de gendarmerie à cheval ; Légion d'Afrique ; Voltigeurs algériens ; Régiments de gendarmerie à pied et à cheval pendant la guerre de 1870-71 ; Gendarmes réservistes et territoriaux ; Recrutement ; Uniforme ; Attributions ; Services rendus.

Belle brochure in-18 de 88 pages.............. 2  »
LA GENDARMERIE NATIONALE DEVANT LES CHAMBRES. — Br.
   in-18....................................... » 50
CATALOGUE DES MÉDICAMENTS FOURNIS AUX MILITAIRES DE LA
   GENDARMERIE ET A LEURS FAMILLES. — Br. in-8º de 16
   pages...................................... » 25
INSTRUCTION DU 28 JUIN 1887 sur le harnachement de la
   Gendarmerie, modifiant celle du 21 octobre 1881.... » 30
INSTRUCTION SUR LES EMPLOIS CIVILS RÉSERVÉS AUX SOUS-
   OFFICIERS, à l'usage des militaires de la gendarmerie. —
   Br. in-32 de 96 pages......................... 50 »
CODE-MANUEL DES RÉQUISITIONS MILITAIRES. Textes officiels
   annotés et mis à jour par de L..., licencié en droit, et
   l'intendant militaire A. T... — 3 vol.
      Tome Ier. — *Exposé de principes; texte de la loi du 3
   juillet 1877 et du règl. du 2 août 1877*, avec notes et
   commentaires. — Vol. in-32 de 112 pag., broché.  » 35
      Relié toile .............................. » 60
      Tome II. — *Recensement et réquisition des chevaux
   et voitures.* — Vol. in-32 de 96 pages, broché.... » 35
      Relié toile .............................. » 60
      Tome III. — *Guide pratique des diverses autorités et
   commissions pour l'application de la loi du 3 juillet
   1877. Formules et modèles.* — Vol. in-32 de 96 pages, broché........................................ » 35
      Relié toile............................... » 60
INSTRUCTION DU 21 JUILLET 1886 pour le règlement des dommages causés aux propriétés privées par les manœuvres
   ou exercices exécutés annuellement par les corps de
   troupe. — Vol. de 32 pages................... » 35

# Ecoles

MANUEL DU DYNAMITEUR. LA DYNAMITE DE GUERRE ET LE
   COTON-POUDRE; *leur fabrication, leur conservation, leur
   transport et leur emploi,* d'après les règlements en vigueur, par le commandant Dumas-Guilin. — Vol. in-18
   de 388 pages, avec 48 figures................. 4  »

RÈGLEMENT MINISTÉRIEL DU 24 AVRIL 1888 SUR LES EXAMENS DES CANDIDATS AU BREVET D'ÉTAT-MAJOR. . . . . . . » 15

INSTRUCTION DU 28 JUIN 1888 POUR L'ADMISSION A L'ECOLE SUPÉRIEURE DE GUERRE EN 1889. — Br. in-18. . . . . . » 15

RÈGLEMENT DU 18 AVRIL 1875 POUR LE SERVICE DES ÉCOLES RÉGIMENTAIRES DES CORPS DE TROUPE DE TOUTES ARMES. — Br. in-8º de 39 pages. . . . . . . . . . . . . . . . » 50

PROGRAMMES adoptés le 18 avril 1875 pour l'ENSEIGNEMENT DANS LES ÉCOLES RÉGIMENTAIRES DES CORPS DE TROUPE DE TOUTES ARMES. — Vol. in-8º de 28 pages. . . . . » 50

RÈGLEMENT ET PROGRAMME DU 31 JUILLET 1879, POUR L'IN-FANTERIE. . . . . . . . . . . . . . . . . . . . . . . . 1 25

RÈGLEMENT DU 17 JANVIER 1883 SUR LE SERVICE DES ÉCOLES DANS LA CAVALERIE. — Vol. in-32 de 32 pages. . . . » 50

DÉCRET DU 4 NOVEMBRE 1886, portant réorganisation et programme pour l'ECOLE D'ARTILLERIE ET DU GÉNIE ✕ » 50

PROGRAMME DES COURS PRÉPARATOIRES PROFESSÉS DANS LES ÉCOLES RÉGIMENTAIRES DE L'ARTILLERIE ET DU TRAIN DES ÉQUIPAGES MILITAIRES (du 7 janvier 1887). — Br. in-8º de 16 pages ✕. . . . . . . . . . . . . . . . . . . *franco* » 20

RÈGLEMENT DU 1ᵉʳ SEPTEMBRE 1888 SUR LE SERVICE DES ÉCOLES RÉGIMENTAIRES DE L'ARTILLERIE ET DU TRAIN DES ÉQUIPAGES MILITAIRES. — Brochure in-8º de 24 pages. . . . . . . . . . . . . . . . . . . . . . . *franco* » 35

COURS SPÉCIAL A L'USAGE DES SOUS-OFFICIERS D'ARTILLERIE approuvé par le Ministre de la guerre le 20 juillet 1881, nouvelle édition mise à jour jusqu'en 1888. — Volume in-8º de 252 pages ✕. . . . . . . . . . . . . . . . 3 »

PROGRAMME DES CONNAISSANCES QUE DOIVENT POSSÉDER LES ENGAGÉS CONDITIONNELS D'UN AN A L'EXPIRATION DE LEUR ANNÉE DE SERVICE. (Art. 56 de la loi du 27 juillet 1872). Pour l'infanterie ✕. . . . . . . . . . . . . » 25

PROGRAMME DES EXAMENS POUR L'ADMISSION A L'ECOLE D'AD-MINISTRATION DE VINCENNES. — Br. in-32 de 16 pages ✕. . . . . . . . . . . . . . . . . . . . . . . . » 50

PETITE GÉOGRAPHIE DE LA FRANCE A L'USAGE DES ÉCOLES ET DES FAMILLES. . . . . . . . . . . . . . . . . . . . 1 25

ALPHABET DU SOLDAT. — Ouvrage adopté par M. le Ministre de la guerre, pour l'enseignement de la lecture dans les écoles régimentaires de toutes armes; cartonné. . . » 30

LECTURES DU SOLDAT, livre de lecture courante à l'usage de l'armée, faisant suite à l'Alphabet du soldat ... 1 »

LECTURES MILITAIRES A L'USAGE DES ÉCOLES RÉGIMENTAIRES, par Adam (Adolphe), professeur d'histoire au Prytanée militaire de la Flèche. — Fort vol. in-12 cartonné. 1 50

NOEL ET CHAPSAL. — NOUVELLE GRAMMAIRE FRANÇAISE avec nombreux exercices d'orthographe, de syntaxe et de ponctuation, — Vol. in-8º de 220 pages........ 1 50

BESCHERELLE (H.) Jeune. — DICTIONNAIRE CLASSIQUE DE LA LANGUE FRANÇAISE, le plus exact et le plus complet de tous les ouvrages de ce genre, et le seul où l'on trouve la solution de toutes les difficultés grammaticales et généralement de toutes celles inhérentes à la langue française, suivi d'un Dictionnaire géographique, biographique et mythologique. — Fort vol. grand in-8º de 1,308 pages .................................... 11 »

*Le même*, richement relié demi-maroquin............. 15 »

LAROUSSE. — NOUVEAU DICTIONNAIRE DE LA LANGUE FRANÇAISE, comprenant : 1º Une nomenclature très complète de la langue, avec la nouvelle orthographe de l'Académie, les étymologies et les diverses acceptions des mots appuyées d'exemples ; 2º Des développements encyclopédiques relatifs aux mots les plus importants des sciences, des lettres et des arts ; 3º Un dictionnaire des locutions grecques, latines et étrangères que l'on trouve souvent citées par nos meilleurs écrivains ; 4º Un dictionnaire géographique, historique, artistique et littéraire. *Quatre dictionnaires en un seul.* (64º édition, augmentée et illustrée de 1,500 gravures). Prix, cartonné............................................ 2 60

    Par la poste...................................... 3 20

GUÉRARD ET SARDOU. — DICTIONNAIRE DE LA LANGUE FRANÇAISE............................... *franco* 3 20

MODÈLES D'ÉCRITURES EN TOUS GENRES, carnet complet très soigné........................................ 1 50

SOLUTIONS RAISONNÉES DES QUESTIONS DE GÉOMÉTRIE PROPOSÉES DANS LE COURS DES ÉCOLES RÉGIMENTAIRES, à l'usage des sous-officiers candidats à l'Ecole militaire de Saint-Maixent. — Vol. in-18 de 156 pages......... 3 »

MANUEL FRANÇAIS-ITALIEN SUR LES RECONNAISSANCES d'après le programme ministériel du 30 septembre 1874, par Jules Papillon, officier d'Académie, membre fondateur de la Société polytechnique militaire. — Vol. in-32 de 200 pages.................................... 1 50

GUIDE MILITAIRE FRANCO-ALLEMAND, à l'usage de l'armée, des écoles militaires, des collèges et des sociétés de gymnastique, par Emile Lebert.................. 1 50

PETIT GUIDE FRANÇAIS ALLEMAND, à l'usage du soldat. — Br. in-32 de 20 pages, couverture parcheminée....... » 20

MINISTÈRE DE LA GUERRE. — Ecoles régimentaires. — Cours préparatoire.

GRAMMAIRE ET COMPOSITION FRANÇAISE. — Vol. in-18 de 324 pages =................................ 2 »

ARITHMÉTIQUE ET SYSTÈME MÉTRIQUE. — Vol. in-18 de 230 pages =................................ 1 60

GÉOMÉTRIE. — Vol. in-18 de 197 pages avec figures dans le texte =........................... 1 60

TOPOGRAPHIE. — Vol. in-18 de 182 pages avec figures dans le texte, tableaux et carte =..................... 2 »

FORTIFICATION DE CAMPAGNE. — Vol. in-18 de 191 pages, avec figures dans le texte =.................... 2 »

GÉOGRAPHIE. — Vol. in-18 de 174 pages, avec 14 cartes =........................................ 3 »

HISTOIRE MILITAIRE. — Vol. in-18 de 246 pages, avec 12 cartes =........................................ 4 50

(Les 7 volumes pris ensemble, 13 fr. 50, frais de port en sus.)

## Corps spéciaux

### DOUANIERS ET CHASSEURS FORESTIERS

GUIDE A L'USAGE DES OFFICIERS DES BATAILLONS DE DOUANIERS, par L. Pierre. — Vol. in-32 de 112 pages, relié toile.................................... 1 50

MANUEL D'INSTRUCTION MILITAIRE à l'usage des brigadiers, candidats au grade de sous-lieutenant des douanes et des officiers et contrôleurs candidats au grade de sous-inspecteur des douanes, par L. Martin, contrôleur des douanes. — Vol. in-32 de 120 pages, relié toile... 1 50

## Correspondance par Signaux et par Pigeons

RÈGLEMENT DU 1er AVRIL 1887 SUR L'ORGANISATION ET LE FONCTIONNEMENT DU SERVICE DES SIGNALEURS DANS LES CORPS DE TROUPE D'INFANTERIE ✕.............. » 05

INSTRUCTION DU 16 JUIN 1885 POUR LA CORRESPONDANCE PAR SIGNAUX DANS LES CORPS DE TROUPE. — Br. in-32 de 64 pages ✕..................................... » 60

EXTRAIT DE L'INSTRUCTION POUR LA CORRESPONDANCE PAR SIGNAUX ✕.................................. » 05

CARNET DE DÉPÊCHES SPÉCIAL contenant, sous une couverture parcheminée, un bloc de dépêches numérotées de 1 à 48 ✕............................... » 75

CORRESPONDANCES MILITAIRES PAR PIGEONS VOYAGEURS. Etude faite par le lieutenant-colonel de la Villatte du 5e régiment d'infanterie, officier d'Académie. — Vol. in-8o de 56 pages....................... 2 »

## Arts académiques

MANUEL DE GYMNASTIQUE, approuvé par le Ministre de la guerre le 26 juillet 1877. — Vol. in-32 de 236 pages, avec figures dans le texte et une planche ✕........... 1 25

MANUEL D'ESCRIME, approuvé par le Ministre de la guerre le 18 mai 1877. — Vol. in-32 de 128 pages, avec figures dans le texte. — Cartonné ✕,.............. » 60

EXERCICES plus particulièrement propres à l'ASSOUPLISSEMENT. (Extrait de l'instruction du 24 avril 1846). — Vol. in-32 broché ✕........................... » 15

ESCRIME DE CHAMBRE, méthode pour s'exercer seul à faire des armes, par le commandant E. T. — Br. in-32 de 24 pages................................... » 25

INSTRUCTION DU 9 OCTOBRE 1885 SUR L'ORGANISATION ET LE
FONCTIONNEMENT DES SOCIÉTÉS DE TIR ET DE GYMNAS-
TIQUE............................................... » 60

# Topographie, Cartes, Plans, Instruments, etc.

COURS DE TOPOGRAPHIE, à l'usage des officiers et sous-officiers de toutes armes (armée active, réserve, armée
territoriale), ouvrage rédigé conformément aux programmes officiels du 30 septembre 1874, par A. Laplaiche,
professeur de la Société française de physique, de la
Société nationale de topographie pratique, ancien professeur de l'Université. — 2 vol. in-32 (5e édition) :

Le 1er de 120 pages, orné de 140 figures, broché. » 35

Relié toile gaufrée............................. » 60

Le 2e de 128 pages, orné de 66 figures, broché.. » 35

Relié toile gaufrée............................. » 60

MINISTÈRE DE LA GUERRE. — Ecoles régimentaires,
Cours préparatoire. — TOPOGRAPHIE. — Vol. in-18 de
182 pages, avec figures dans le texte, tableaux et
cartes ................................................. 2 »

NOTIONS SOMMAIRES SUR L'ÉTUDE ET LA LECTURE DES CAR-
TES TOPOGRAPHIQUES, par le commandant A. H. — Br.
in-8o avec nombreux plans et dessins =........ » 75

ECOLE THÉORIQUE ET PRATIQUE D'ORIENTATION MILITAIRE, à
l'usage des troupes de toutes armes, par A. de Vaucresson, colonel du 13e de ligne. — Vol. in-32 broché. » 25

CARTE DU TONKIN, publiée avec l'autorisation de M. le
Ministre de la marine et des colonies, par M. A. Gouin,
lieutenant de vaisseau. Chromolithographie, format
71/108 cent............................................ 4 »

CARTE DES ENVIRONS DE LIMOGES au $\frac{1}{20,000}$ format
100 × 80 centimètres.

En feuille =................................... 2 »

Collée sur toile =............................. 4 »

— — et pliée =........................ 5 »

CARTE DES TERRAINS DE MANŒUVRES DE LIMOGES au $\frac{1}{10,000}$ format 50 × 60 centimètres, imprimée en quatre couleurs.

En feuille =........................................ » 75
Collée sur toile =............................... 1 50
—         — et pliée =.................... 2 25

NOUVELLE CARTE MILITAIRE DE LA FRANCE, par le commandant Bonetti, donnant, par région de corps d'armée et par subdivision de région, l'emplacement de toutes les troupes de l'armée active, y compris les nouveaux régiments, et de l'armée territoriale, les anciennes et nouvelles lignes de chemins de fer, etc.; belle chromo-lithographie en sept couleurs, avec répertoire et tableaux y annexés, honorée d'un prix du Ministre et couronnée par la Société nationale d'instruction et d'éducation populaires (médaille d'honneur). — Une feuille format grand colombier (10e édition) =............... 2 »

GRAPHIQUES DE MARCHE. — Papier quadrillé bleu à 2mm, format 30 × 40 centimètres, avec traits renforcés dans les deux sens pour indiquer les heures et les distances; la feuille ×................................... » 08

RAPPORT DE RECONNAISSANCE, modèle A; conforme au modèle donné à l'instruction pratique sur le service en campagne; no 72, infanterie, et no 70, cavalerie; le cent ×................................... 2 »

ENVELOPPES pour lesdits rapports, le cent ×........ 2 50

CARNET DE MANŒUVRES, solidement relié, avec poche, deux coulissseaux, crayons rouge et bleu, fermant avec caoutchouc soie, contenant un bloc de 100 rapports de reconnaissance et 25 enveloppes à leur usage. × 5 »

BLOC DE 100 RAPPORTS DE RECONNAISSANCE, modèle A, pour remplacement dans le carnet ci-dessus. *Le dos est préparé pour le collage. Il suffit de l'humecter et de l'appliquer* ×................................... 2 50

PAPIER BLEU A DÉCALQUER INDÉFINIMENT, permettant de reproduire simultanément plusieurs copies du même travail. (*Pour obtenir ce résultat, il suffit d'intercaler une feuille de ce papier entre deux feuillets blancs, écrire*

*sur le premier de ces feuillets, et l'on obtient une copie ;*
*deux feuilles bleues intercalées reproduisent deux copies,*
*trois feuilles intercalées en donnent trois, plus l'origi-*
*nal).* — La feuille format 0,16 × 0,21 = ......... » 08

RAPPORT JOURNALIER (manœuvres de brigade avec cadres,
12 février 1879) × ............................. » 06

ALIDADE (double décimètre) triangulaire ; l'une —.... » 50

BOUSSOLE DÉCLINATOIRE, 0m,07 de côté ; l'une —..... 1 25

BOUSSOLE DÉCLINATOIRE, 0m,07 de côté ; à suspension — 1 60

*La même* avec boulons pour carton-planche —....... 2 »

BOUSSOLE FORME MONTRE, cuivre et melchior, 30mm. — 1 »

*La même* avec arrêt, 35 millimètres —.............. 1 55

*La même* avec arrêt et chape agate, 40 millimètres —. 2 50

CRAYONS DE COULEUR MINE BLEUE, qual. sup. H. C.-L. — » 20

— — — ROUGE, — — — » 20

— — — BISTRE, — — — » 20

— — — VERTE, — , — — » 20

CURVIMÈTRE breveté s. g. d. g. —Instrument de poche destiné à mesurer les lignes droite, courbes ou brisées sur
les plans et cartes géographiques ; indispensable aux
officiers, ingénieurs, architectes et géomètres. —
Prix —.................................... 1 50

CURVIMÈTRE A CADRAN servant à mesurer instantanément
et sans report à l'échelle les distances sur les cartes
géographiques et les plans quelles que soient leurs échelles. Prix avec étui —........................ 7 50

PODOMÈTRE, 16 lignes, boîte métal nickelé à fond, mouve-
ment cuivre à deux aiguilles, cadran émail à zone couleur, marche garantie —.............. *franco* 16 »

POCHE À CARTES en taffetas transparent et imperméable, à
faces quadrillées.
(L'une des faces est divisée en centimètres et en demi-centimètres, l'autre
en carrés renforcés ayant 0,0125 de côté et chacun de ces côtés en quatre
parties égales ; cette disposition permet de calculer les distances sans le
secours du compas ni d'aucun autre instrument sur une carte d'échelle quelconque, depuis le 1/1,000 jusqu'au 1/1,000,000, y compris, par consé-
quent, les échelles les plus usuelles de 1/20,000, 1/40,000, 1/80,000,
1/320,000, 1/50,000, 1/100,000, 1/500,000.)
Modèle de la maison H. Charles-Lavauzelle =.. 1 50

POCHE EN ÉTOFFE TRANSPARENTE, permettant de lire les cartes sur le terrain sans qu'elles puissent être détériorées par la pluie (modèle de l'Ecole de guerre), l'une = ............................................................ 1 50

# Sciences et Art militaires

F. ROBERT, ancien professeur à l'Ecole supérieure de guerre, chef d'état-major de la 6e division d'infanterie :

1re partie, TACTIQUE DE COMBAT DES GRANDES UNITÉS. Vol. in-8o de 160 pages avec six planches en chromolithographic, hors texte (1885).................. 4 »

2e partie, TACTIQUE APPLIQUÉE. — Vol. de 216 pages avec 6 planches hors texte en chromo-lithographie (1887)........................................... 4 »

LA GUERRE DE SURPRISES ET D'EMBUSCADES, par A. Quinteau. — 2 beaux vol. grand in-8o d'environ 800 pages, brochés......................................... 12 »

TRAITÉ DE TACTIQUE EXPÉRIMENTALE, par H. Bernard, colonel du 144e d'infanterie.

Tome I, de 541 avant J.-C. à 1796. — Fort vol. grand in-8o.......................................... 7 50

Tome II, de 1797 à 1805. — Fort vol. grand in-8o 7 50

Tome III, de 1806 à 1812. — — 7 50

Tome IV, de 1813 à 1814. — — 7 50

Tome V, de 1815 à 1854. — — 7 50

Tome VI, de 1855 à 1859. — — 7 50

LA STRATÉGIE APPLIQUÉE, avec cartes et plans, par le colonel Fix (H.-C.), commandant le 6e régiment d'infanterie belge. — 2 forts vol. grand in-8o de 500 pages.. 15 »

GUIDE PRATIQUE POUR LA GUERRE EN AFRIQUE, à l'usage des officiers et des sous-officiers, par le commandant Dumont, du 92e. — Br. in-18 de 96 pages............... 1 25

RÈGLEMENTS SUR LES EXERCICES ET ÉVOLUTIONS DES TROUPES A PIED EN ITALIE, EN AUTRICHE ET EN ALLEMAGNE, traduits, résumés et annotés par A. de Vaucresson, colonel du 13e de ligne : *Préliminaires. — Bases de l'instruction. — Ecole du soldat. — Armes à feu portatives. — Ecole de peloton. — Méthode d'instruction. — Exercices et exemples de combat.* — Vol. in-18 de 450 pages, cartonné............................................................ 2 25

DISCIPLINE DU FEU DANS LE RÈGLEMENT AUTRICHIEN SUR LES MANŒUVRES DE L'INFANTERIE. — Br. in-18......... » 60

## Hygiène et service médical

MANUEL DU SERVICE DES HÔPITAUX, à l'usage des officiers d'administration et des candidats à ce grade, par S. Poulard, professeur à l'Ecole d'administration de Vincennes, licencié en droit. — Vol. in-8o de 306 pages. 6 »

A NOS SOLDATS, *premiers secours à porter aux blessés,* par le docteur A. Tissot, de la faculté de médecine de Paris. — Vol. in-32 de 210 pages. Relié toile.......... 1 50

MÉDECINE ET MÉDECINS MILITAIRES DE L'ARMÉE FRANÇAISE EN 1888, par le docteur Chassagne. — Vol. in-8o de 64 pages......................................................... 2 50

DE L'INSOLATION, conseils pratiques pour la prévenir sur les troupes en marche. — Br. in-32 (2e édition)..... » 25

COURS ÉLÉMENTAIRE D'HYGIÈNE MILITAIRE ET DE SECOURS SANITAIRES D'IMPROVISATION par MM. Damnien, médecin-major de 1re classe au 12e d'infanterie, et Trumelet, colonel au même régiment. (2e édition). — Br. in-8o de 112 pages....................................................... » 75

CHARGEMENT DES VOITURES DE CHIRURGIE avec deux planches représentant ses côtés droit et gauche. — Décision ministérielle du 20 juin 1881. — Br. in-8o de 48 pages =................................................. » 30

## Hippologie, etc.

TRAITÉ D'ÉQUITATION A L'USAGE DE MM. LES OFFICIERS D'INFANTERIE ET ASSIMILÉS, par le capitaine Lechevrel, instructeur au 5e chasseurs. — Vol. in-8o de 110 pages. 2 »

INSTRUCTION SPÉCIALE SUR L'HYGIÈNE DES CHEVAUX. — Br. in-8º............................................................ » 25

ABRÉGÉ D'HIPPOLOGIE à l'usage des sous-officiers de l'armée, adopté pour l'enseignement de l'hippologie dans l'armée, par A. Vallon............................................... 3 50

COURS ABRÉGÉ D'HIPPOLOGIE à l'usage des sous-officiers, etc., des corps de troupes à cheval, rédigé par les soins de la commission d'hygiène hippique, approuvé par le Ministre de la guerre le 2 avril 1875. — V. in-18. ✕ 1 50

ÉTUDES HIPPIQUES, par le capitaine Bellard, du 13º régiment de chasseurs. — Br. in-8º de 200 pages......... 2 »

MANUEL DE MARÉCHALERIE à l'usage des maréchaux ferrants de l'armée, approuvé par le Ministre de la guerre le 12 décembre 1875. — Vol. in-32 de 212 pages, cartonné ✕.............................................. 1 25

# Historique des corps de troupe

M. Henri Charles-Lavauzelle se met à la disposition de tous les chefs de corps pour publier l'historique de leur régiment dans la série de la *Petite Bibliothèque de l'Armée française*.

HISTORIQUE DU 2ᵉ RÉGIMENT D'INFANTERIE. — Vol. in-32 de 128 pages (2ᵉ édition). — Broché................ » 35
    Richement relié toile.......................... » 60

HISTORIQUE DU 25ᵉ DE LIGNE. — Vol. in-32 de 128 pages broché................................................ » 35
    Richement relié toile........................... » 60

HISTORIQUE DU 30ᵉ DE LIGNE. — Vol. in-32 de 128 pages, broché................................................ » 35
    Richement relié toile.......................... » 60

HISTORIQUE DU 31ᵉ DE LIGNE. — Vol. in-32 de 64 pages, broché................................................ » 35
    Richement relié toile........................... » 60

HISTORIQUE DU 35º DE LIGNE. — Vol. in-32 de 112 pages, broché........................................ » 35

Richement relié toile......................... » 60
ISTORIQUE DU 56ᵉ DE LIGNE (2ᵉ édition). — Vol. in-32 de
120 pages, broché............................. » 35
Richement relié toile......................... » 60
ISTORIQUE DU 62ᵉ DE LIGNE (2ᵉ édition). — Vol. in-32 de
96 pages, broché.............................. » 35
Richement relié toile......................... » 60
HISTORIQUE DU 64ᵒ DE LIGNE, rédigé d'après les ordres du
colonel Deaddé, commandant le régiment. — Vol. in-32
de 64 pages, broché........................... » 35
Richement relié toile......................... » 60
HISTORIQUE DU 65ᵉ DE LIGNE, extrait du registre des marches
et opérations du régiment. — Vol. in-32 de 128 pages,
broché........................................ » 35
Richement relié toile......................... » 60
HISTORIQUE DU 69ᵉ DE LIGNE. — Vol. in-32 de 128 pages,
broché........................................ » 35
Richement relié toile......................... » 60
HISTORIQUE DU 71ᵒ DE LIGNE, rédigé d'après les ordres du
colonel Lachau, par le capitaine adjudant-major Le Grand.
— Vol. in-32 de 72 pages, broché.............. » 35
Richement relié toile......................... » 60
HISTORIQUE DU 72ᵉ DE LIGNE. — Vol. in-32 de 128 pag., br. » 35
Richement relié toile......................... » 60
HISTORIQUE DU 85ᵉ DE LIGNE. — Vol. in-32 de 64 pag.,
broché........................................ » 35
Relié toile anglaise.......................... » 60
HISTORIQUE DU 86ᵉ DE LIGNE. — Vol. in-32 de 96 pages,
broché........................................ » 35
Richement relié toile......................... » 60
HISTORIQUE DU 92ᵒ DE LIGNE, rédigé par le lieutenant Réthoré,
sous les auspices de M. le colonel Paquette. — Vol. in-32
de 96 pages, broché........................... » 35
Richement relié toile......................... » 60
HISTORIQUE DU 94ᵒ DE LIGNE. — Vol. in-32 de 128 pages,
broché........................................ » 35
Richement relié toile......................... » 60
HISTORIQUE DU 138ᵒ DE LIGNE. — Vol. in-32 de 64 p... » 35
Relié toile anglaise ......................... » 60

HISTORIQUE DU 7ᵉ BATAILLON DE CHASSEURS A PIED. — 2 vol.
in-32, brochés.................................................. » 70
    Reliés toile. ................................................ 1 20
HISTORIQUE DU 10ᵉ BATAILLON DE CHASSEURS A PIED. — Vol.
    in-32 de 80 pages, broché............................... » 35
    Richement relié toile...................................... » 60
HISTORIQUE DU 3ᵉ ZOUAVES, rédigé d'après les instructions de
    M. le colonel Lucas, par le lieutenant Duroy, broché. » 35
HISTORIQUE DE 3ᵒ RÉGIMENT DU GÉNIE, publié avec autorisa-
    tion du Ministre de la guerre (2ᵉ édition). — 3 vol.
    brochés..................................................... 1 05
    ' Richement reliés toile.................................... 1 80
HISTORIQUE DU 1ᵉʳ RÉGIMENT DE SPAHIS. — Vol. de 96 pages,
    broché...................................................... » 35
    Richement relié-toile...................................... » 60
ESQUISSE HISTORIQUE DE LA GENDARMERIE FRANÇAISE, par
    H. Delattre. — Belle br. in-18 de 88 pages........ 2 »
HISTORIQUE DU 3ᵉ RÉGIMENT DE ZOUAVES, rédigé par le lieu-
    tenant A. Marjoulet, d'après les ordres du colonel Lu-
    cas, commandant le régiment. — Beau vol. in-8ᵒ raisin
    de 328 pages............................................... 6 »
HISTORIQUE DU 104ᵉ RÉGIMENT D'INFANTERIE, rédigé d'après les
    documents du ministère de la guerre, par Joseph Per-
    reau, lieutenant au 104ᵒ régiment. — Vol. in-8ᵒ de
    158 pages.................................................. 3 »
ÉTUDE SUR L'HISTORIQUE DES CHASSEURS A PIED (Extrait de
    la *Revue d'infanterie*). — Br. in-8ᵈ de 68 pages.. 1 25

## Histoire militaire

LA VÉRITÉ SUR LA CAMPAGNE DE 1815. — Vol. in-8ᵒ de 84
    pages...................................................... 2 »
HISTOIRE MILITAIRE DE LA FRANCE, de 1643 à 1871, par Émile
    Simond, lieutenant au 28ᵉ de ligne. — 2 vol. bro-
    chés ...................................................... » 70
    Richement reliés toile..................................... 1 20
PRÉCIS D'HISTOIRE MILITAIRE, rédigé d'après les programmes
    officiels à l'usage des candidats aux écoles militaires et
    de MM. les officiers, par Vermeil de Conchard, capi-
    taine d'infanterie breveté, ex-professeur à l'École mili-
    taire d'infanterie. — Vol. in-18 de 208 pages...... 3 »

NOTES SUR LA CAMPAGNE DU 3e BATAILLON DE LA LÉGION ÉTRANGÈRE AU TONKIN. — Vol. in-8o de 64 pages... 1 »

JOURNAL DU SIÈGE DE TUYEN-QUAN (23 novembre 1884-3 mars 1885). — Vol. in-32 de 102 pages, broché.......... » 35

   Richement relié toile ........................ » 60

HISTOIRE DE LA PARTICIPATION DES BELGES AUX CAMPAGNES DES INDES ORIENTALES NÉERLANDAISES SOUS LE GOUVERNEMENT DES PAYS-BAS, 1815-1830, par Eugène Cruyplants, capitaine aide de camp du commandant de la garde civique de Gand, officier de l'ordre de Takovo de Serbie, — Br. grand in-8o de 402 pages, avec trois cartes et un portrait du général Lahure ...................... 5 »

RELATION DE L'INSURRECTION DES TROUPES ESPAGNOLES DÉTACHÉES DANS L'ILE DE SÉELAND, sous les ordres du général Fririon, en 1808, avec les pièces justificatives destinées à compléter la relation, par E. Fririon, capitaine au 8e de ligne, chevalier de la Légion d'honneur. — Vol. in-8o .............................. 2 »

CAMPAGNE DU NORD EN 1870-1871. *Histoire de la défense nationale dans le nord de la France*, par Pierre Lehautcourt. — Vol. grand in-8o de 300 pages, avec 6 cartes gravées sur acier .............................. 6 »

LES MÉTHODES STRATÉGIQUES DES ALLEMANDS EN 1870. — Br. in-18 de 36 pages.............................. 1 »

EXACTE VÉRITÉ SUR LA TROUÉE TENTÉE A BALAN, LE 1er SEPTEMBRE 1870 (Bataille de Sedan), par Grand-Didier, capitaine au 34o de ligne, en retraite. — Br. in-8o de de 32 pages.............................. » 75

SEDAN. — LES DERNIERS COUPS DE FEU. (3e bataillon du 3e régiment de marche).......................... 1 »

ÉTUDE MILITAIRE SUR L'EGYPTE, *campagne des Anglais en* 1882 (2e édition). — Br. in-32 de 32 pages sur fort papier velin, broché.......................... » 35

   Richement relié toile ........................ » 60

LE SOUDAN, GORDON ET LE MADHI, par le commandant Heumann, O. U. — Vol. de 96 pages, avec 2 cartes et 4 plans broché.......................... » 35

   Richement relié en toile anglaise............. » 60

L'ÉDUCATION ET LA DISCIPLINE MILITAIRES CHEZ LES ANCIENS, par Marcel Poullin. — Vol. in-32 de 144 pages; broché .................................................. » 35
   Richement relié toile ........................ » 60
GUERRE DU SOUDAN (LE MADHI), avec carte du théâtre de la guerre, par A. Garçon, professeur à l'Association polytechnique. — Br. in-32 (publication de la Réunion des officiers)..................................... » 60
PRÉCIS DE LA GUERRE DU PACIFIQUE (*entre le Chili d'une part, le Pérou et la Bolivie de l'autre*). — Vol. in-32 de 72 pages, suivi d'une carte planimétrique de la côte du Pacifique et d'un plan des principales batailles, broché » 35
   Richement relié en toile anglaise.............. » 60

# Géographie — Voyages

DU RHÔNE AU PÔ ET VICE-VERSA. — Etude militaire. — Vol. in-8º de 144 pages..................................... 2 »
PRÉCIS DE GÉOGRAPHIE MILITAIRE, rédigé d'après les programmes officiels à l'usage des candidats aux écoles militaires et de MM. les officiers, par Vermeil de Conchard, capitaine d'infanterie breveté, ex-professeur à l'Ecole militaire d'infanterie. — Vol. in-18 de 224 pages..................................... 3 »
PETITE GÉOGRAPHIE DE LA FRANCE A L'USAGE DES ÉCOLES ET DES FAMILLES .................................. 1 25
ALGÉRIE ET TUNISIE, esquisse géographique, par A. Laplaiclte, inspecteur spécial de la police des chemins de de fer, membre et lauréat de plusieurs sociétés savantes ancien professeur de l'Université. — Vol. in-18 de 106 pages..................................... 2 »
MINISTÈRE DE LA GUERRE. — Ecoles régimentaires. —Cours préparatoire. — GÉOGRAPHIE. — Vol. in-18 de 175 pages avec 14 cartes * .................... 3 »

GINDRE DE MANCY. — Dictionnaire des communes de la France, de l'Algérie et des autres colonies françaises, précédé de tableaux synoptiques. — Vol. in-18 de 800 pages, richement relié toile .............. 5 »

Les Hautes-Pyrénées, étude historique et géoraphique du département depuis les temps les plus reculés jusqu'à nos jours, avec une description des principales villes : Tarbes, Bagnères-de-Bigorre, Lourdes, etc.; par MM. Bois, capitaine au 76e d'infanterie, et C. Durier, archiviste du département des Hautes-Pyrénées. — Vol. in-8o de 220 pages............................. 3 50

# Armées étrangères

Armées étrangères contemporaines : Europe, Asie, Afrique, Amérique, Océanie, par A. Garçon, 2 vol. in-32 de 98 pages l'un, broché...................... » 70
        Richement relié toile...................... 1 20
L'Armée portugaise. par A. Garçon. — Vol. de 108 pages. broché.......................... » 35
        Richement relié toile .................... » 60
L'Armée allemande, son histoire, son organisation actuelle. — Vol. in-32 de 128 pages (4e édition), broché. » 35
        Richement relié toile..................... » 60
L'Armée suisse, son histoire, son organisation actuelle, par Heumann, O ✠, capitaine instructeur à l'Ecole de Saint-Cyr. — Vol. in-32 de 136 pages, broché......... » 35
        Richement relié toile..................... » 60
L'Armée russe : organisation générale; le règlement d'infanterie; le service en campagne; instruction sur les travaux de campagne. — Tome 1er, vol. de 96 pages, orné de figures (2e édition) broché.............. » 35
        Richement relié toile..................... » 60
L'Armée belge, composition, recrutement, mobilisation. écoles militaires, institut cartographique, armement, manufacture d'armes de Liège, régime intérieur, alimentation, uniformes, système défensif. — Vol. in-32 de 96 pages, broché,...................... » 35

Richement relié toile.......................... » 6

L'Armée anglaise, son histoire, son organisation actuelle par A. Garçon. — Vol. in-32 de 128 pages, broché. » 35

Richement relié toile.......................... » 60

La Marine anglaise, histoire, composition, organisation actuelle, par A. Garçon. — Vol. in-32 de 96 pages, broché.......................... » 35

Richement relié toile.......................... » 60

L'Armée italienne, son organisation actuelle, sa mobilisation. — Vol. in-32 de 128 pages, broché.......... » 35

Richement relié toile.......................... » 60

L'Armée ottomane contemporaine, par Ch. Lebrun-Renaud. — Vol. in-32 de 88 pages, broché....... » 35

Richement relié toile.......................... » 60

L'Armée des Pays-bas, notices militaires et géographiques. (Publication de la Réunion des officiers.) — 2 vol. brochés.......................... » 70

Richement reliés toile...................... 1 20

L'Armée suédoise, par le capitaine R. R***. — Vol. de 62 pages, broché................................... » 35

Exposé sommaire de l'organisation militaire et de la situation financière des divers États de l'Europe, au 31 décembre 1883, par F. Chalier de Grandchamps. — Br. in-32 de 52 pages........................... » 60

---

# Emplois civils — Enfants de troupe

Instruction sur les emplois civils réservés aux sous-officiers, à l'usage des militaires de la gendarmerie. — Br. in-32 de 96 pages........................... » 50

Instruction du 12 avril 1838 pour les conditions d'admission des enfants de troupe. — Br. in-8° de 64 pages........................... » 60

INSTRUCTION DU 17 MARS 1888, SUR LES EMPLOIS CIVILS ET MILITAIRES attribués aux sous-officiers rengagés et commissionnés.................................... » 40

Br. in-8° de 36 pages.....................*franco* » 45

4e LISTE DES SOUS-OFFICIERS CANDIDATS A DES EMPLOIS CIVILS ET MILITAIRES, classés le 28 février 1887, par la commission instituée en vertu de l'article 8 de la loi du 24 juillet 1873. — Br. in-8° de 40 pages........... » 50

GUIDE DES CANDIDATS A L'EMPLOI DE COMMISSAIRE DE SURVEILLANCE ADMINISTRATIVE DES CHEMINS DE FER, conforme aux derniers règlements officiels. — Br. in-32 de 16 pages =........................... » 50

GUIDE DES CANDIDATS AUX EMPLOIS DE COMMISSAIRE DE POLICE ET D'INSPECTEUR SPÉCIAL DE LA POLICE DES CHEMINS DE FER, conforme aux dernières instructions ministérielles. — Br. in-32 de 16 pages =.......... » 50

MANUEL DU CANDIDAT A L'EMPLOI DE COMMISSAIRE DE SURVEILLANCE ADMINISTRATIVE DES CHEMINS DE FER, par A. Laplaiche (3e édition). — Vol. in-12, avec 63 figures dans le texte, broché...................... 7 50

Relié en percaline...................... 8 50

RECUEIL COMPLET, avec notes et commentaires, des LOIS, DÉCRETS, CIRCULAIRES, DÉCISIONS ET INSTRUCTIONS MINISTÉRIELLES EN VIGUEUR, établissant les droits des SOUS-OFFICIERS EN MATIÈRE DE RENGAGEMENT ET MARIAGE, RETRAITE ET ADMISSION AUX EMPLOIS CIVILS. — 2 vol. in-32.

Brochés........................... » 70

Richement reliés en toile anglaise............ 1 20

## Littérature

MADAME LA PRÉFÈTE, par Joseph Maire, volume in-18 de 236 pages =........................... 3 »

L'ÉCUYER MAGNÉTISEUR, par E. T. — Vol. in-18 de 352 pages =........................... 3 »

LA FILLE DU LIEUTENANT, traduit de l'anglais par G. Herbignac. — Vol. in-18 de 430 pages =.......... 3 50

Péchés d'école. *Carnet d'un artilleur*, par Etoupille. —
Vol. in-18 de 226 pages = ................................. 3 50

Contes d'amour et de bivouac, par Ch. de Bys. — Vol.
in-18 jésus de 276 pages, luxueusement imprimé avec
10 gravures hors texte = ............................... 3 50

Péchés de garnison, par E. T..., joli vol. in-18 de 304 pages, luxueusement imprimé = ......................... 3 »

Nouveaux péchés, par E. T... — Vol. in-18 de 350 pages.
luxueusement imprimé = .............................. 3 50

Souvenirs de Saint-Cyr, 1re année (Esquisses de la vie
militaire en France). — Joli vol. in-18 de 252 pages, richement imprimé sur papier de luxe (11e édit.)=. 3 »

Souvenirs de Saint-Cyr (2e année), par le même. — Joli
vol. in-18 de 288 pages, avec de magnifiques gravures
dans le texte = ....................................... 3 50

Les Saint-Cyriennes, poésies, par Fernand Bernard, avec
de splendides gravures dans le texte et hors texte. —
Vol. in-18 de 216 pages = ............................. 3 »

Mi aime a vous. — Dans le Midi. — Sous les hortensias.
— Fanfreluche et Beaucouset. — Vol. in-18 de 292
pages = ............................................... 3 50

La Langue verte du troupier, belle br. in-18 de 92 pages,
avec préface de M. Raoul Bonnery, membre de la Société des Gens de lettres (2e édition) = .............. 2 »

Stances d'un volontaire, par Paul de Tournefort. —
Poésies patriotiques en une charmante br. in-8o de 36
pages, imprimée avec luxe, honorée d'une souscription
du ministère de la guerre (3e édition) = ............. 1 »

Qui vive? France! Poésie patriotique, plaquette in-8o. » 20

Les Fredons, poésies par Alexandre Vallet. — Vol. de 136
pages .................................................. 3 »

Fraternité, par L. des Bouffioles. — Roman philosophique,
social et militaire ; la Famille, la Patrie française, la
guerre contre l'Allemagne, *Sursum corda!* — Couronné par
la Société d'encouragement au bien. — Vol. in-18. 2 50

Aventures de trois canonniers, recueillies par un qua-
trième, par P. Noël. — Vol. in-18 de 338 pages. 3 »

Intimités (sourires et larmes), poésies par F.-J. Mons,
officier d'administration. — Vol. velin teinté, caractères
antiques et vignettes tête de chapitre. ............... 2 »

# DIVERS

LA GUERRE, L'EUROPE ET LES COALITIONS. — Brochure in-8°
de 72 pages............................................ 1 25

MANUEL DU DYNAMITEUR. — LA DYNAMITE DE GUERRE ET LE
COTON-POUDRE. *Leur fabrication, leur conservation, leur
transport et leur emploi*, d'après les règlements en vigueur, par le commandant Dumas-Guilin. — Vol. in-18
de 388 pages avec 48 figures......................... 4 »

LES FORTS ET LA MÉLINITE. — Br. in-18 de 64 pages., 1 25

RÈGLEMENT DU 1er SEPTEMBRE 1888, SUR LES MANŒUVRES
DE L'INFANTERIE (ALLEMAGNE). — Vol. in-32 de 160 pages, relié toile anglaise............................. 2 »

RÈGLEMENT DU 23 MAI 1887, SUR LE SERVICE DES ARMÉES
ALLEMANDES EN CAMPAGNE. — Vol. in-32 de 230 pages.
Relié toile............................................. 2 50

EXTRAIT DE L'INSTRUCTION GÉNÉRALE SUR LE SERVICE DES
POSTES, avec des notes et commentaires, par Roger
Barbaud, inspecteur des Postes et Télégraphes. — Vol.
in-32 de 312 pages................................... 2 »

MANUEL DES CANDIDATS AU SURNUMÉRARIAT DES POSTES ET
TÉLÉGRAPHES, par Roger Barbaud, inspecteur des Postes et Télégraphes, payeur de la 23e division d'infanterie. — Vol. in-32 de 320 pages................... 2 »

VADE-MÉCUM DU VAGUEMESTRE, par Roger Barbaud, inspecteur des Postes et Télégraphes, payeur de la 23e
division d'infanterie. — Vol. in-32 de 312 pages... 2 »

LA LIBERTÉ DU MARIAGE DES OFFICIERS, par H. Marchant.
— Br. in-8° de 24 pages............................. 1 »

NOTES MILITAIRES. — Du commandement et du corps d'officiers. — Vol. in-8° de 28 pages.................... 1 »

LA PROCHAINE GUERRE FRANCO-ALLEMANDE, réponse au colonel Kœttschau, par un Zouave en activité de service.
— Vol. in-8° de 48 pages............................ 1 »

L'ARMÉE FRANÇAISE EN 1887, par le général T... — Vol.
in-18 jésus de 204 pages............................ 3 »

L'INFANTERIE FRANÇAISE EN 1887 (extrait de la *Revue d'Infanterie*). — Br. in-8° de 36 pages................. 1 »

LE 12e CORPS D'ARMÉE ET LES MANŒUVRES DE 1886, par M.
Ardouin-Dumazet. — Vol. in-8° de 308 pages. 3 50

PROJET DE LOI ORGANIQUE MILITAIRE, présenté au nom de M. Jules Grévy, président de la République française, par M. le général Boulanger, Ministre de la guerre. — Br. in-8º de 200 pages avec de nombreux tableaux dans le texte =................................................... 2 »

AGENDA DE L'ARMÉE FRANÇAISE POUR 1889, carnet de poche recouvert en cuir de Cordoue ; véritable *vade-mecum* des milit<sup>res</sup> de tous corps et de toutes armes = ........ 2 »

LA VIE MILITAIRE (extrait de la *Revue d'infanterie*). — Br. de 20 pages................................................. » 60

DROITS ET OBLIGATIONS MILITAIRES DES OFFICIERS DE RÉSERVE ET DE L'ARMÉE TERRITORIALE. — Vol. in-32 de 360 pages. Richement relié en toile anglaise =...... 5 »

L'ARMÉE ET LA PLOUTOCRATIE, par le capitaine Nemo. Réponse à l'article de la *Revue des deux Mondes*, intitulé *l'Armée et la Démocratie*. — Br. in-8º............. 1 »

LA FRANCE EST PRÊTE ! en réponse à l'ouvrage : *Pourquoi la France n'est pas prête ?* (édition de 1887). Br. in-8º. 2 »

*Les Batailles imaginaires*. — LA BATAILLE DE LONDRES EN 188..., par A. Garçon. — Br. in-8º de 48 pages.... 1 25

*Les Batailles imaginaires*. — LE COMBAT NAVAL DE PORT-SAÏD EN 1886, entre les flottes alliées de France et de Turquie contre celles d'Angleterre, par A. Garçon. — Br. in-8º de 128 pages................................. 2 50

LE MARÉCHAL DAVOUT, DUC D'AUERSTAEDT ET PRINCE D'ECKMUL (1770-1823), par Marcel Poullin. — Br. de 40 pages................................................. 1 »

LES SOUS-OFFICIERS DANS L'AVENIR ou *la question des sous-officiers*. — Br. in-8º de 34 pages................... » 60

NOUVEAUX CODES FRANÇAIS ET LOIS USUELLES CIVILES ET MILITAIRES. Recueil spécialement destiné à la gendarmerie et à l'armée, édition de 1887. Vol. de 1,136 pages. Relié toile anglaise................................... 5 »

LES CODES FRANÇAIS, à jour jusqu'en 1872 seulement et d'une édition inférieure. — Vol. in-18 relié basane...... 2 »

ARCHÉOLOGIE TUNISIENNE ; *épigraphie des environs du Kef; inscriptions recueillies en 1882-1883, par Espérandieu,* lieutenant au 17ᵉ régiment d'infanterie. — Vol. in-8º avec 20 cartes, plans ou croquis ...................... 2 50

DE L'APPLICATION AU SERVICE EN CAMPAGNE D'UNE NACELLE RÉGIMENTAIRE. — Br. in-32 avec gravures dans le texte. (Bibliothèque de la *France militaire*) =.......... » 50

HISTOIRE ANECDOTIQUE DES ANIMAUX A LA GUERRE, par Ludovic Jablonski, officier d'administration des hôpitaux. — Vol. in-12 de 204 pages ................ 2 50

CORRESPONDANCES MILITAIRES PAR PIGEONS VOYAGEURS. Etnde faite par le lieutenant-colonel de la Villate, du 5ᵉ régiment d'infanterie, officier d'Académie. — Vol. in-8º de 56 pages...................................... 2 »

ALMANACH DE L'ARMÉE FRANÇAISE EN 1889. — Vol in-32 de 216 pages......................................... » 60

LA CHASSE EN PLAINE, AU BOIS, AU MARAIS, nouveau guide pratique du petit chasseur, par Edmond Nodot. — Vol. in-8º de 200 pages, avec dessins hors texte....... 4 »

CODE DES SIGNAUX SUR LES CHEMINS DE FER FRANÇAIS, d'après l'arrêté ministériel du 15 novembre 1885. — Br. in-18 avec figures.:...................... » 50

L'EDUCATION MILITAIRE A L'ÉCOLE, par A. Garçon, professeur à l'Association polytechnique, membre et lauréat de plusieurs sociétés savantes. — Br. in-32 de 40 pages. » 50

PORTRAIT DU GÉNÉRAL BOULANGER, 525ᵐᵐ × 325ᵐᵐ.. 5 »

PORTRAIT ÉQUESTRE DU GÉNÉRAL DE GALLIFET, format : 525ᵐᵐ × 325ᵐᵐ...................................... 5 »

PORTRAIT DE M. CARNOT, Présid. de la République, format : 620ᵐᵐ × 420ᵐᵐ....................................... 6 »

# LA FRANCE MILITAIRE

## JOURNAL QUOTIDIEN

### Organe des Armées de terre et de mer

|  | 3 mois. | 6 mois. | 1 an. |
|---|---|---|---|
| France, Corse, Algérie... | 5 fr. | 9 fr. | 18 fr. |
| Etranger et Colonies..... | 7 fr. | 12 fr. | 24 fr. |

Les abonnements partent du 1er de chaque mois

Le numéro, 10 c., en vente dans les gares des villes de garnison, les kiosques de Paris et libraires correspondants.

# BULLETIN OFFICIEL

## DU MINISTÈRE DE LA GUERRE

### PRIX D'ABONNEMENT ANNUEL :

Pour les Chambre, Ministères, Préfectures, Officiers, Fontionnaires, militaires et assimilés de l'*Armée active,* et Capitaines-majors de l'armée territoriale, 18 fr.

En dehors des catégories ci-contre, 25 fr.

Les numéros isolés sont vendus :

5 c. lorsqu'ils ont 4 ou 8 pag.
10     id     12 ou 16 id.

DOUBLER LE PRIX pour les frais d'envoi par la poste.

# L'ÉCHO
## DE LA
# GENDARMERIE NATIONALE
### PARAISSANT LE DIMANCHE

Les abonnements partent du premier jour de chaque trimestre ; ils ne sont par reçus pour moins d'un an, et coûtent avec l'*Annuaire* :

France, Corse et Algérie..... 6 fr. 50
Colonies et Etranger ........ 8 fr.

# LA
# REVUE D'INFANTERIE

Publication mensuelle de 96 pages in-8°

France, Corse et Algérie......... Un an : 20 fr.
Colonies et Etranger............ id. 25 fr.

# LE TERRITORIAL
### PARAISSANT LE DIMANCHE

*Moniteur de l'Armée territoriale, des Sociétés de Tir, de Gymnastique et d'Instruction militaire.*

France, Corse et Algérie....... Un an, 6 fr.
Colonies et Etranger ......... id. 8 fr.

Les abonnements partent du 1er de chaque mois

# COLLECTION
# DU JOURNAL MILITAIRE OFFICIEL

Les volumes détachés ci-après sont en vente à la librairie militaire
**Henri CHARLES-LAVAUZELLE :**

Edition refondue de l'année 1791 à 1871 inclus, 13 vo
mes ............................................... 65

## PARTIE RÉGLEMENTAIRE.

| | | | |
|---|---|---|---|
| 1er et 2e semestres | 1879. — 2 vol............... | 15 |
| 1er et 2e — | 1880. — 2 vol............... | 15 |
| 1er et 2e — | 1881. — 2 vol............... | 15 |
| 1er et 2e — | 1882. — 2 vol............... | 15 |
| 1er — | 1883. — 1 vol............... | 7 |
| 1er et 2e — | 1884. — 3 vol............... | 20 |
| 1er et 2e — | 1885. — 2 vol............... | 15 |

## PARTIE SUPPLÉMENTAIRE.

| | | |
|---|---|---|
| 1er et 2e semestres | 1876. — 2 vol............... | 20 |
| 1er et 2e — | 1877. — 2 vol............... | 10 |
| 1er et 2e — | 1878. — 2 vol............... | 10 |
| 1er et 2e — | 1879. — 2 vol............... | 10 |
| 1er et 2e — | 1880. — 2 vol............... | 10 |
| 1er et 2e — | 1881. — 2 vol............... | 10 |
| 1er — | 1882. — 1 vol............... | 5 |
| 1er — | 1885. — 1 vol............... | 5 |

# BULLETIN OFFICIE
## DU MINISTÈRE DE LA GUERRE

Année 1887. — Partie réglementaire, 2 volumes.
   —        —   supplémentaire, 2   —

Chaque volume est vendu séparément **5 fr. 50**          mbres,
tères, Préfectures, Officiers, Fonctionnaires mili          s de l
MÉE ACTIVE et Capitaines-Majors de l'ARMÉE te          . 2
dehors des catégories ci-dessus.